Sonnen, schwimmen, schwatzen: Im Sommer trifft sich ganz Basel am Rhein, der mitten durch die Stadt fließt

Eine imposante Berglandschaft umgibt den Tomasee, der oft als Rheinquelle genannt wird

Unser Coverfoto zeigt den Rheinfall bei Schaffhausen, wo der Fluss seine Wucht zeigt – bestens eingefangen durch diese Luftaufnahme des Fotografen Dmitry Malov

68 AB IN DIE AUEN!
Zu Fuß, im Boot, auf dem Rad: die besten Wege, um die Natur am Fluss aktiv zu erleben

70 JUNG UND SCHÖN
Drei Hotels mit Charakter zeigen, was moderne Gastfreundschaft am Rhein ausmacht

78 NEUSTART IN DEN REBEN
Von Worms nach Bingen durch Rheinhessen: ein Roadtrip durch Deutschlands innovativstes Weinbaugebiet

86 FRACHTER AUS GUTEM HOLZ
Vom Schiersteiner Hafen legten einst riesige Flöße ab, die Holz über den Rhein brachten. Heute wird an der »Schiersteiner Riviera« gesegelt und gesurft

88 DIE SICHT EINES ROMANTIKERS
Der Brite William Turner hielt das Mittelrheintal in faszinierenden Bildern fest. Eine neue Route führt zu den Orten, an denen er einst skizziert hat

98 ZU BURGEN UND MYTHEN
Die Loreley, die Burgen und ein Kurztrip durch Koblenz: unsere Tipps fürs Mittelrheintal

100 NÄCHSTER HALT: ARP
Der Bahnhof Rolandseck ist mehr als eine Haltestelle: Er führt in einen besonderen Museumsbau und zu Werken von Hans Arp und Sophie Taeuber-Arp

108 DAS SPÄTE WUNDER VON KÖLN
Der gotische Kölner Dom blieb lange eine Baustelle. Erst im 19. Jahrhundert wurde er fertiggebaut

116 48 STUNDEN IN ROTTERDAM
Ein Rundgang mit der niederländischen Architektin Fokke Moerel durch die Hafenstadt, die sich mit spektakulären Bauten neu erfunden hat

3 Editorial **6** Inside **13** Leserfoto
122 Kolumne **124** Impressum **126** Karte
128 Gut zu wissen **130** Vorschau

MERIAN INSIDE

Für die Rubrik »Wie die Zeit vergeht« (S. 86) fotografierte Isabela Pacini im Schiersteiner Hafen das aktuelle Gegenstück zu einer Aufnahme aus dem Jahr 1913.

FOTOSCHULE WIE DIE ZEIT VERGEHT

Wie gelingt der fotografische Zeitsprung?

1. Vorbereitung Die MERIAN-Redaktion wählt für die Rubrik »Wie die Zeit vergeht« ein historisches Foto aus, das einen spannenden Kontrast zur Gegenwart zeigt – wie die Flößer im Schiersteiner Hafen. Bevor ich starte, suche ich auf dem Bild nach hilfreichen Details, in diesem Fall etwa ist es der Poller im Vordergrund.

2. Motiv Vor Ort versuche ich, den Standort des Fotografen zu bestimmen. In Schierstein hat mir eine ältere Einheimische geholfen, der Poller stand auf einer zugewachsenen Landzunge. Da die Vegetation dort den Blick verstellte, fotografierte ich von der Brücke nebenan. Diese Perspektive kam dem alten Bild am nächsten.

3. Aufnahme Wichtig ist ein genauer technischer Blick auf das historische Foto: Wie waren die Lichtverhältnisse, was könnte die Brennweite gewesen sein? So lässt sich der richtige Bildausschnitt leichter finden.

HOCH ZUM GIPFEL

Für unsere Reportage über die Suche nach der Rheinquelle (S. 36) machte MERIAN-Fotograf **Gulliver Theis** auf dem Rückweg aus Korsika in den Schweizer Alpen Halt, wanderte vom Oberalppass über den 2739 Meter hohen Pazolastock (Foto) zum Tomasee – und stapfte Anfang August durch tiefen Schnee. Sein Tipp zum Aufwärmen: ein Stopp auf der kleinen Badushütte.

WINTERLICHER EINSATZ

Als Weinexperte kommt Autor **Patrick Bauer** mit vielen Winzern ins Gespräch und verkostet natürlich deren Weine. Auf seiner Reise durch Rheinhessen (S. 78) nahm er sogar selbst die Schere in die Hand: Auf dem Weingut Gunderloch half er Anfang März dabei, die Reben am berühmten Roten Hang bei Nierstein zurückzuschneiden.

SOMMERLICHER BESUCH

»Rate mal, wo ich bin«, sagen seine Basler Freunde oft, wenn MERIAN-Fotograf **Volker Renner** sie aus Hamburg anruft. Er kennt die Antwort: »am Rhein«. Auch wenn er selbst, wie für unser Stadtporträt (S. 52), in Basel ist, verbringt er viel Zeit am Flussufer – wie hier in der Freiluft-Bar »Landestelle«.

MERIAN EDITORIAL

Liebe Leserin, lieber Leser,

Hansjörg Falz, MERIAN-Chefredakteur

zum Rhein hat unser Kolumnist Till Raether eine viel speziellere Beziehung als ich. Seine Mutter trat zu Lebzeiten an ihn mit dem finalen, aber natürlich nicht erfüllbaren Wunsch heran, er möge ihre Asche ins Flusswasser streuen. Wie seine Familie und er mit dieser Ansage umgegangen sind, beschreibt er einfühlsam und lehrreich und fügt den Inhalten in diesem Heft eine eher unerwartete Facette hinzu.

Man könnte annehmen: Ein Heft, das mehrere Länder, Regionen und Städte unter einem thematischen Dach bündelt, wäre nicht MERIAN-typisch. Tatsächlich aber gibt es in der traditionsreichen und langen Geschichte unseres Magazins etliche Beispiele, die das Gegenteil beweisen. Allein der Rhein füllte schon mehrfach ganze Ausgaben (siehe unten), das Obere Mittelrheintal ist als UNESCO-Welterbe prädestiniert als tragendes MERIAN-Thema. William Turner und der Romantik sind natürlich auch jetzt ein großes Kapitel gewidmet (S. 88). Wie vor Jahren beim Heft »Donau« führte auch dieses Mal Redakteur Jonas Morgenthaler die Feder. Sein Pass weist ihn als Schweizer aus, weswegen es ihm wichtig war, dass wir in dieser Ausgabe mit einer tragenden Geschichte gegen den Strom schwimmen – uns also auf die Suche nach den Quellen des Rheins in Graubünden machen. Ich hoffe, diese Reportage, aber auch unsere Begegnungen mit Insidern und Auskennern in Konstanz, Basel und Rotterdam sowie unser Rundgang im spektakulären Museumsbau Rolandseck lösen bei Ihnen ein solches Kopfkino aus, dass Sie, wenn es wieder geht, sofort dorthin reisen möchten.

Herzlich Ihr

Von 1948 bis heute: Viermal war der Rhein schon Thema einer MERIAN-Ausgabe.

Der MERIAN-Podcast nimmt Sie mit auf Wochenendtrips in Deutschland: Reiseinspiration zum Hören auf www.merian.de und bei allen gängigen Anbietern.

Folgen Sie uns auf merian.magazin bei Instagram. Oder begleiten Sie uns auf Facebook.

Readly Beim digitalen Zeitschriftenkiosk Readly können Sie diese und andere MERIAN-Ausgaben auf dem Tablet oder Smartphone lesen.

88
Romantischer wird's nicht: Das Mittelrheintal ist voller Burgen und hübscher Orte wie Bacharach

INHALT

100 Eine Bronzeplastik von Hans Arp weist am Bahnhof Rolandseck den Weg in ein fantastisches Museum

8 SKIZZEN
Notizen vom Flussufer: pauken auf der Insel, ein Zahlendreher mit Folgen und die ewige Suche nach dem Schatz der Nibelungen

16 PORTFOLIO
Eine Bilderreise entlang des Rheins: von den Alpen bis ins Mündungsdelta an der Nordsee

30 WIE GEHT'S DEM RHEIN?
Vier Antworten von Menschen, die sich intensiv mit der Wasserwelt und ihren Bewohnern beschäftigen

36 GEGEN DEN STROM ...
... ist unser Autor Martin Helg in die Schweizer Alpen gereist, um den Ursprung des Rheins zu finden. Eine Suche bei schwieriger Quellenlage

48 48 STUNDEN IN KONSTANZ
Spitzenkoch Dirk Hoberg führt durch seine bezaubernde Wahlheimat am Bodensee

52 ALLE IM FLUSS
Schwimmen im kühlen Strom, dann staunen in hervorragenden Museen: Basel ist ein erfrischendes Reiseziel

62 HERR TULLA ZÄHMT DEN STROM
Wie ein Ingenieur ab 1817 den Rhein begradigte und damit um gut achtzig Kilometer verkürzte

MERIAN SKIZZEN

Mythos Rhein

Er ist Grenze und Handelsroute, birgt Schätze und bietet Stoff für unzählige Geschichten und Sagen. Manchmal ist der **legendäre Strom** aber auch einfach nur eines: wunderschön

Der bronzene Hagen versenkt in Worms nur einen winzigen Teil des Nibelungenhorts im Rhein: 144 Wagenladungen mit Gold sollen es gewesen sein. Über Jahrhunderte boten der legendäre Schatz und die Heldensage Stoff für Künstler, Literaten und Filmemacher, beschäftigten Hobbyarchäologen, Germanisten und Schatzsucher. Vermutet wurde er vielerorts, gefunden nie. Ganz sicher liegt der Schatz nicht einfach im Flussbett: Jedes Jahr wird mit einem Peilschiff der gesamte Grund des Rheins abgesucht. Nicht um den Schatz zu finden, sondern, damit die Kapitäne der Frachtschiffe keine bösen Überraschungen erleben. Das wahre Rheingold ist also doch eher das, was die Goldwäscher am Ufer seit jeher in bescheidenen Mengen schürfen. Oder das Element, das in letzter Zeit immer wertvoller geworden ist: Lithium, das zum Beispiel für die Akkus von Laptops und Elektroautos benötigt wird. Europas größtes Vorkommen befindet sich gelöst im Thermalwasser ausgerechnet im Oberrheingraben zwischen Basel und Frankfurt – tief unter dem Rhein.

Tafeln informieren am Tomasee in den Schweizer Alpen über die Rheinlänge. Aber: Die Zahl ist falsch

FLUSSVERLÄNGERUNG
Ein Fehler mit Folgen

Wohl durch einen Zahlendreher war der Rhein ab etwa 1960 in offiziellen Quellen plötzlich rund 1320 statt 1230 Kilometer lang. Vor gut zehn Jahren fiel dem Biologen Bruno Kremer die Unstimmigkeit auf. Er kam gerundet auf 1233 Kilometer. Allerdings variieren die Zahlen bis heute. Denn: Nicht alle fangen bei ihrer Rechnung mit derselben Quelle an.

IM EINSATZ GEGEN MÜCKEN

Die einst am Oberrhein grassierende Malaria ist ausgerottet. Doch gegen Stechmücken wird weiter gekämpft. Kommunen und Länder lassen jedes Jahr Larven per Helikopter und zu Fuß mit dem biologischen Mückengift BTI töten. Der Einsatz sorgt für ruhigere Sommerabende, ist aber durchaus umstritten.

GELEBTES EUROPA
Freundliche Nachbarin

Seit Sommer 2020 ist Jeanne Barseghian Oberbürgermeisterin von Straßburg. Die 40-Jährige passt bestens zur Realität an der etwa 180 Kilometer langen Grenze, die der Rhein zwischen Deutschland und Frankreich bildet: Täglich fahren zahlreiche Pendler über den Fluss. Auch die französische Grünen-Politikerin denkt beim Rhein garantiert eher an Brücken als an Grenzen: Sie hat teils in Deutschland studiert und einen deutschen Partner.

MERIAN SKIZZEN

? Warum ist es am Rhein so schön?

Die Antworten aus dem bekannten Volkslied schienen uns nicht mehr ganz zeitgemäß. Also haben wir mal nachgefragt

»Weil man am und auf dem Rhein von Romantik bis zur Industriekultur **ALLES** entdecken kann!«

Patrick Gereke ist Kapitän bei der Köln-Düsseldorfer Deutsche Rheinschiffahrt und in der Saison fast täglich zwischen Köln und Mainz unterwegs

»Weil einem beim Anblick der einzigartigen Burgenlandschaft immer wieder das Herz aufgeht. Die Rheinburgen stehen als Zeugnisse der Vergangenheit und einer unvergänglichen Rhein-Romantik, aber sie sind auch die Garanten der Zukunft des Mittelrheintals.«

Markus Hecher besitzt Burg Rheinstein, wohnt in ihr und öffnet sie für Gäste

„ **WEIL HIER AUF SCHIEFER EINZIGARTIGER WEIN IN EINZIGARTIGER KULISSE WÄCHST.**"

Winzerin Cecilia Jost vom Weingut Toni Jost steht oft im Steilhang am Mittelrhein

»Weil dieser wirklich europäische Fluss die Menschen über Jahrhunderte hinweg immer wieder zu **Geschichten, Dramen und Liedern** inspiriert hat.«

Christian Holtzhauer ist Schauspielintendant des Nationaltheaters Mannheim

»Ganz einfach: **Weil Bonn am Rhein liegt.** Und Bonn macht happy. Nicht umsonst hieß es schon in alter Zeit: Bonna solum felix – Bonn, du glücklicher Boden.«

Der Komiker und Autor Hape Kerkeling lebt – klar – in Bonn

„ **WEIL MAN DAS MEER RIECHT, DIE FERNE, DIE EWIGKEIT.**"

Navid Kermani lebt als Schriftsteller in Köln

»Vor allem wegen der Landschaft! Ich genieße sie gerne entspannt vom Schiff aus oder auf einem der zertifizierten Wanderwege. Immer wieder bieten sich unterwegs wundervolle neue Blicke mit Burgen, Schlössern, malerischen Orten und Weinbergen.«

Heike Otto leitet die »Generaldirektion Kulturelles Erbe Rheinland-Pfalz« und ist damit verantwortlich für das materielle Kulturerbe des Bundeslandes.

Entscheidungen müssen nicht schwerfallen.

Der neue Kia Sorento Plug-in Hybrid.

Movement that inspires

Im Leben treffen wir täglich Entscheidungen. Was wir uns vornehmen, welche Ziele wir haben — wie wir sie erreichen. Mit dem neuen Kia Sorento Plug-in Hybrid entscheidest Du Dich für einen besonders effizienten Weg. Denn er kombiniert seinen Verbrennungsmotor mit einem Elektroantrieb inklusive Ladeanschluss. So kannst Du bis zu 68 km[1] rein elektrisch sowie emissionsfrei fahren — und hast dabei Platz für bis zu sieben Personen. Klingt nach einer cleveren Entscheidung, die Dir dabei hilft, souverän Deinen eigenen Weg zu gehen. Egal, was Dein Ziel ist. Überzeuge Dich selbst bei einer Probefahrt, die wir gern unter 0800 777 3044 für Dich reservieren.

Übrigens: Der Kia Sorento ist der Gewinner des Goldenen Lenkrads 2020[2] in der Kategorie „Große SUV".

Kia Sorento Plug-in Hybrid 1.6 T-GDI AWD (Benzin/Strom/Automatik); 195 kW (265 PS): Kraftstoffverbrauch kombiniert 1,6 l/100 km; Stromverbrauch kombiniert 16,1 kWh/100 km; CO_2-Emission kombiniert 36 g/km; Effizienzklasse: A+.

*Max. 150.000 km Fahrzeug-Garantie. Abweichungen gemäß den gültigen Garantiebedingungen, u. a. bei Batterie, Lack und Ausstattung. Einzelheiten unter www.kia.com/de/garantie
[1] Die Reichweite wurde nach dem vorgeschriebenen EU-Messverfahren ermittelt. Die individuelle Fahrweise, Geschwindigkeit, Außentemperatur, Topografie und Nutzung elektrischer Verbraucher haben Einfluss auf die tatsächliche Reichweite und können diese u. U. reduzieren.
[2] AUTO BILD & BILD AM SONNTAG, Ausgabe 45/2020.

MERIAN SKIZZEN

Rückzugsort: die Insel Nonnenwerth mit dem barocken Klosterbau

RHEIN ALS VERKEHRSWEG
»Ab und zu ziehen wir ein Auto aus dem Wasser«

Martin Wolters ist beim Wasserstraßen- und Schifffahrtsamt Rhein als Außenbeamter zuständig für die »Bundeswasserstraße« zwischen Xanten und der deutsch-niederländischen Grenze

MERIAN: Sie müssen Gegenstände bergen, die Schiffen gefährlich werden können. Was fischen Sie denn so aus dem Rhein?
MARTIN WOLTERS: Regelmäßig melden sich Schiffe, die ihren Anker verloren haben, weil die Kette gerissen ist. Ab und zu ziehen wir auch ein Auto aus dem Wasser. Letztes Jahr etwa einen Audi A6. Das war wohl einer der gestohlenen Wagen, mit denen die »Audi-Bande« aus den Niederlanden nach Deutschland fährt, um Geldautomaten zu leeren. Ein anderes Mal war es ein Mercedes-Coupé. Da hatte eine betrogene Ehefrau aus Rache das Auto ihres Mannes versenkt.
Wie findet man solche Dinge?
Manche entdeckt man bei Niedrigwasser mit bloßem Auge. Aber wir peilen unterwegs mit dem Sonar auch das Flussbett. Wenn uns etwas auffällt, notieren wir die Koordinaten und prüfen die Stelle später. Wir spannen dann zum Beispiel eine Kette zwischen zwei Schiffe, ziehen sie über den Boden und schauen, ob sich was verfängt.
Wie bergen Sie die Objekte?
Dafür haben wir auf einem unserer Schiffe einen Kran. Und es gibt das Taucherglockenschiff »Carl Straat«, es ist einmalig in Europa. Am Heck lässt sich eine Taucherglocke 10 Meter tief absenken und in die Flusssohle drücken. Nach einem Druckausgleich kann die Crew über eine Metallröhre mit Treppe trockenen Fußes bis zur Rheinsole hinabsteigen. Ab Sommer 2021 soll übrigens das kürzlich fertiggebaute Nachfolgemodell eingesetzt werden.

GYMNASIUM NONNENWERTH
Per Fähre zur Schule

Am Privatgymnasium Nonnenwerth bei Rolandseck herrscht beste Lernatmosphäre: Es befindet sich auf einer Insel, die nur mit der Fähre erreichbar ist. Wer will da noch schwänzen? Schon im 12. Jahrhundert wurde hier ein Kloster gegründet, und auch die christlich geprägte Schule gibt es seit 1854.

LÜCKENLOSE ANSICHT

Mit **21 449** Aufnahmen hat der Fotokünstler Stephan Kaluza das komplette Rheinufer fotografiert: Mit seinem Team ist er in insgesamt **8** Monaten den Fluss abgewandert und hat alle **70** bis **90** Meter ein Foto gemacht. Das fertige Werk wird wohl nie ganz zu sehen sein: Das Bild des gesamten Stroms zieht sich über etwa **4** Kilometer.

GROSSER FOTOWETTBEWERB
ZEIGEN SIE IHRE BESTEN BILDER!

Jetzt mitmachen! Wir suchen Fotos zu den Themen **DEUTSCHLAND AM WASSER, BRETAGNE, WIESBADEN**

Traumreise für 10 000 € zu gewinnen

»Die Lust am Reisen« – unter diesem Motto suchen MERIAN und CEWE die schönsten Leserfotos. Senden Sie Ihre Lieblingsbilder aus aller Welt ein! Hauptgewinn ist eine exklusive Tour im Wert von 10 000 Euro: Sie begleiten einen MERIAN-Fotografen auf seiner Recherchereise an ein besonderes Urlaubsziel. Mitmachen ist ganz einfach – und **Sie haben sogar zwei Gewinnchancen!**

In Kooperation mit CEWE, Europas führendem Fotoservice

1. CHANCE: LESERFOTO DES MONATS

Jeden Monat werden Ihre besten Fotos zum nächsten Heftthema gesucht: Einfach online hochladen und mitmachen! MERIAN prämiert das beste Leserfoto und veröffentlicht es im Heft (s. S. 14). Die nächsten Themen: **Deutschland am Wasser, Bretagne, Wiesbaden.** Ihre Fotos sollen einen Bezug zum jeweiligen Monatsthema haben, das Motiv darf frei gewählt werden: Ob Landschaftsbilder oder Straßenszenen – der Fantasie sind keine Grenzen gesetzt. Jeder Monatsgewinner erhält einen CEWE FOTOBUCH Gutschein im Wert von 50 Euro sowie ein MERIAN-Jahresabonnement.

2. CHANCE: LESERFOTO DES JAHRES

Jedes hochgeladene Foto hat dazu automatisch die Chance, das Foto des Jahres zu werden. Für diesen Wettbewerb dürfen Sie auch Bilder von anderen Zielen einsenden. Alles, was zum Motto »Die Lust am Reisen« passt, ist erlaubt: Motive von besonders schönen, originellen oder amüsanten Momenten genauso wie Fotos, die im Gedächtnis bleiben. Die Auswahl trifft eine Experten-Jury – und dem Sieger winkt eine exklusive Reise im Wert von 10 000 Euro. Alle weiteren Infos: www.merian.de/leserfotos

Mit nur einem zusätzlichen Klick können Sie auch am CEWE-Fotowettbewerb »Our world is beautiful« teilnehmen!

MERIAN cewe LESERFOTO DES MONATS

DORIS JACHALKE
Wir feiern eine Premiere. Zum ersten Mal hat bei unserem Leserfoto-Wettbewerb jemand den Titel quasi verteidigt: Doris Jachalke ist mit ihrer Kamera nicht nur in der Eifel (Heft 5/21) unterwegs gewesen, sondern auch in den Rheinauen (für Heft 6/21). Im tiefsten Winter, an einem Januarmorgen. Die Leserin aus der Region Speyer hat es von dort ja auch nicht weit zum bekanntesten, mächtigsten und wasserverkehrsreichsten Fluss Deutschlands. »Das Foto«, erzählt Doris Jachalke, »entstand bei Ketsch. Es zeigt den Anfang der 500 Hektar großen Rheininsel, die unter Naturschutz steht.« Gegen Mittag habe die Sonne den Nebel vertreiben können. Ihr Mann und sie hätten 15 Jahre lang in der Nähe gelebt, »und wir sind oft zur Rheininsel gefahren, um dort zu joggen«. Das Biotop sei zu jeder Jahreszeit ein schönes Ziel.

»Ein Hoch auf die kalten Tage:
Sie ermöglichen tolle Fotos.«

DAS SAGT DIE JURY

Tanja Foley, MERIAN-Fotoredakteurin: »Selten habe ich die Rheinauen so filigran gesehen, man kann fast jeden mit Raureif bedeckten Zweig erkennen. Das Bild in Schwarz-Weiß umzugestalten, ist eine effektive Möglichkeit, den Betrachter zu verzaubern, zumal es auf den ersten Blick überhaupt nicht auffällt. So werden Bilder, die bei trübem Licht aufgenommen wurden, dezent schöngezeichnet. Die bei Farbaufnahmen sonst schmutzigen Nuancen sind für das Auge nicht mehr erkennbar. Ein Hoch auf alle, die auch die eher ungemütlichen Tage nutzen, um zu fotografien.«

MERIAN PORTFOLIO

EINE REISE
durch ein Europa ohne Grenzen

Über 1200 Kilometer legt der Rhein auf seinem Weg von den Alpen bis zur Nordsee zurück. Wer seinem gesamten Lauf folgt, reist durch Epochen und Länder, vorbei an faszinierenden Städten, romantischen Burgen und wilder Natur – und erlebt einen Strom, der keinen Stillstand kennt

IN ENGEN KURVEN HINAB IN DIE WEITE WELT

Spektakuläre Schleife: Bei Flims im Kanton Graubünden windet sich der Vorderrhein durch eine tiefe Schlucht. Er ist einer der zwei großen Quellflüsse des Rheins und entspringt auf über 2000 Meter Höhe, umgeben von den Gipfeln des Gotthardmassivs. Scheinbar wild und natürlich fließt das Wasser durchs Tal – dabei ist es hier schon durch Kraftwerke gezähmt

TOSEND ZEIGT DER RHEIN BEI SCHAFFHAUSEN SEINE KRAFT

Das mittelalterliche Schloss Laufen hat seinen Namen von einem der größten Wasserfälle in Europa: Früher wurde der Rheinfall noch »Loufen« genannt. Über eine Breite von 150 Metern stürzt das Wasser hier rund 23 Meter in die Tiefe. Um die 600 000 Liter können es im Sommer sein – pro Sekunde. Bester Platz für das Naturspektakel ist der Felsen mittendrin. Ausflugsboote fahren bis an ihn heran

STILLE KANÄLE UND EIN HIMMLISCHES PORTAL

Straßburg dehnt sich bis zum Rhein aus, Brücken verbinden die französische Stadt dort mit dem deutschen Kehl gegenüber. Straßburgs historischer Kern aber liegt weiter westlich an der Ill. In deren Wasser spiegeln sich auch die Fachwerkhäuser des Viertels »La Petite France«. Herzstück der Altstadt ist das Münster, dessen Westfassade mit dem Hauptportal zu den Meisterwerken der Gotik zählt

EINE BURG WIE AUS DEM BILDERBUCH

Märchenhaft sitzt die Burg Sooneck im Mittelrheintal zwischen Bingen und Bacharach. Und sieht fast zu schön aus, um echt zu sein. Dabei stammen manche Mauern wirklich aus dem Mittelalter. Die Burg blieb nach ihrer Zerstörung lange eine Ruine – bis der Preußenkönig Friedrich Wilhelm IV. und seine Brüder sie im 19. Jahrhundert wiederaufbauen ließen. Seit einigen Jahren quartieren sich hier zeitweise »Burgenblogger« ein, um über das Obere Mittelrheintal zu berichten

BAUTEN FÜR PROFANE ZWECKE UND GROSSE GESTEN

Wie ein Schiff liegt Burg Pfalzgrafenstein auf einer Insel im Rhein. Jahrhundertelang wurde von ihr aus überwacht, dass nebenan in Kaub der Zoll ordentlich bezahlt wurde. Rein symbolischer Natur ist das 1897 errichtete Kaiser-Wilhelm-Denkmal am Deutschen Eck in Koblenz. Es erntete auch Kritik: Kurt Tucholsky beschrieb es als »Faustschlag aus Stein« mit »Ornamenten-Masern«.

EIN HAFEN WIRD ZUR BÜHNE FÜR ARCHITEKTEN

Besondere Bauten prägen den Düsseldorfer Medienhafen, der Sehenswürdigkeit, Ausgehviertel und Arbeitsort für gut 8000 Menschen zugleich ist. Schon in den 1970er Jahren wurden die Weichen für dieses Prestigeprojekt gelegt, das neues Leben in ein ungenutztes Hafenareal brachte. Wahrzeichen ist der von Frank Gehry gestaltete Neue Zollhof links im Bild: drei dekonstruvistische Bauten in Weiß, Silber und Rot

PARADIESISCHE ZUSTÄNDE FÜR VÖGEL UND FREIZEITKAPITÄNE

In den Niederlanden verzweigt sich der Rhein und fließt über verschiedene Mündungsarme in die Nordsee. In diesem Gebiet entstand 1421 durch eine verheerende Flut ein riesiges Süßwasserdelta, das trotz eines gewaltigen Damms bis heute von den Gezeiten beeinflusst wird. Geschützt ist es durch den rund 9000 Hektar großen Nationalpark De Biesbosch – ein Paradies für Wasservögel und ein Traumziel für Bootsfahrer

Wie geht's dem Rhein?

Lange war er ein Sorgenkind unter Europas Flüssen. Erst als die Fische starben, reagierte die Politik auf den Unmut, der sich überall regte. Hat sich der Strom erholt? Wir haben vier Experten gefragt, was sich im und am Rhein geändert hat

---

Jörg Schneider, Biologe

Die Lachse kommen zurück

Meine Aufgabe ist es, Lachse zu fangen. Aber nicht, um sie zu töten oder zu essen. Ich wiege, messe und zähle sie. Danach lasse ich sie wieder ins Wasser. Damit das schadlos für die Tiere abläuft, bekommen sie mit einem Elektrofanggerät einen geringen Stromschlag, der sie kurz betäubt. Häufig laufe ich mit meinen Mitarbeitern dafür die sauerstoffreichen und sauberen Nebenflüsse des Rheins ab. Einmal im Jahr setze ich mich auch in einen Helikopter, und wir suchen von oben in den Flussbetten nach hellen, metergroßen Stellen. Dort ist die Wahrscheinlichkeit groß, dass Lachsweibchen eine Grube in den Kies geschlagen haben, um ihre Eier zu legen.

Ich bin Biologe und kümmere mich seit mehr als 25 Jahren um die wissenschaftliche Auswertung der Wiederansiedlung des Lachses im Rhein. Ich überwache systematisch die Vermehrung der Tiere und erfasse, wie viele aus dem Meer in den Fluss zurückkehren. Der Lachs war im Rhein ausgestorben. Früher gab es Hunderttausende von ihnen, sie sprangen den Fischern quasi ins Boot. Viele von ihnen schwammen sogar bis in die Schweiz hinauf, um dort zu laichen und dann in der Mehrzahl zu sterben. Am Ende kam kein einziger mehr. Der Grund war der Mensch. Erst hat er beim Ausbau des Rheins als Wasserstraße dessen Nebenarme und damit viele Laichplätze trockengelegt. Dann hat er überall Barrieren errichtet, wie die vielen kleinen und größeren Wasserkraftwerke. An diesen kam der Lachs nicht mehr vorbei. Schließlich war die Wasserqualität so schlecht geworden, dass der Rhein einer Todeszone gleichkam. Dann passierte 1986 das große Chemiewerkunglück in der Schweiz. Der Rhein färbte sich rot, hunderttausende Fische verendeten.

Das war der Startschuss für die Umkehr: Die Anrainerstaaten taten sich zusammen, um den Fluss zu retten. Und mit »Lachs 2000« – fortgeführt als »Lachs 2020« – startete ein internationales Projekt, um den Lachs wieder anzusiedeln. Fischtreppen wurden gebaut, Nebenarme wieder zugänglich gemacht und die Wasserqualität durch Kläranlagen wesentlich verbessert. Im Vergleich zur Anfangszeit dieses Programms geht es dem Rhein heute richtig gut.

Die schwierigste Aufgabe war beim Lachs, den Kreislauf des Lebens wieder in Gang zu setzen und eigene Rheinlachs-Stämme aufzubauen. Der Lachs kommt ja in den Nebenflüssen zur Welt. Dort bleibt er ein, zwei Jahre. Dann sagt ihm eine innere Uhr, dass es Zeit ist, sich auf den Weg flussabwärts ins Meer zu machen. Nach ein paar Jahren im Meer erlangt der Lachs Geschlechtsreife. Wieder sagt ihm eine innere Uhr, dass er jetzt heimkehren muss. Das Besondere: Um zu laichen, schwimmt der Lachs exakt in den Fluss zurück, in dem er geboren wurde, auch wenn das unter Umständen Tausende von Kilometern sind.

TEXT **KARL GRÜNBERG**
FOTOS **GULLIVER THEIS**

Wir haben also begonnen, Eier vom Atlantischen Lachs zu nehmen, aus ihnen Jungfische zu ziehen und diese Brütlinge dann zu Hunderttausenden in den Rheinzuflüssen auszusetzen. Und tatsächlich: Einige schaffen es. Sie kommen nach ihrer Zeit im Meer zu uns zurück und vermehren sich auf natürlichem Weg. Leider noch nicht in ausreichend hoher Anzahl, sodass wir immer noch Brütlinge einsetzen müssen. Nachgewiesen kehrten zwischen 1990 und 2020 gut 9000 Lachse zurück. Die Dunkelziffer liegt sicher bei mindestens doppelt so vielen Exemplaren.

Das klingt mühselig und ist es auch. Ich bin aber stolz darauf, an einem Projekt teilzunehmen, dass einen Kreislauf des Lebens wieder in Gang setzt. Es ist ja nicht nur der Lachs, der profitiert. Andere Wanderfische wie der Maifisch und das Meerneunauge vermehren sich ebenfalls, und auch die Meerforelle ist wieder da.

Daniela Schaefer-Krolla,
Diplom-Biologin, Leiterin des NABU-Auenservice

In den Auen darf der Rhein noch natürlich fließen

Mit Worten kann ich es kaum beschreiben, man muss die Rheinauen selber sehen und spüren. Diese Ruhe. Diese Weite. Diese Schönheit. Da sind die Gänseschwärme, die in Pfeilformation über den Himmel ziehen. Oder die Enten und Schwäne, die auf dem Wasser schwimmen. Rehe, die in der Ferne davonhuschen. Sogar ausgewilderte Sumpfschildkröten gibt es hier wieder. Besonders schön finde ich es früh am Morgen, wenn noch niemand unterwegs ist und der Nebel über dem Wasser oder in den Auenwäldern liegt.

Ich bin Biologin, 47 Jahre alt und leite den Auenservice des NABU. Wir sind zwischen Mainz und Bingen aktiv, genauer: zwischen Flusskilometer 499 und 527. Zählt man alle Flächen zusammen, kommen wir hier auf 960 Hektar Naturschutzgebiet. Mit dem Fahrrad oder zu Fuß sind wir auf den Wanderwegen unserer vier Naturschutzgebiete unterwegs und schauen, ob die Besucher sich an die Regeln halten. Auch wenn ich jetzt wie eine Spaßverderberin klinge, ein Picknick mitten auf der Wiese, ein Lagerfeuer im Wald oder ein freilaufender Hund gehen leider überhaupt nicht. Unsere Rheinauen sind Rückzugsgebiete für Säugetiere, Vögel, Insekten, Amphibien. Es darf einfach nicht dazu kommen, dass ein Hund ein Storchenjunges beißt, dass Bodenbrüter gestört oder Pflanzen platt getrampelt werden.

Eine Flussaue ist ein Gebiet, das regelmäßig überschwemmt wird, wenn ein Fluss über seine Ufer tritt. Der Wechsel zwischen Hoch- und Niedrigwasser schafft diese einzigartigen Landschaften: die dichten Auenwälder, die feuchten Senken oder die Schlammbänke und Auenwiesen. All diese Kleinstbiotope locken verschiedenste Lebewesen und Tiere an. Doch Flussauen sind selten geworden. Auch hier am Rhein, der ja zur größten Wasserstraße Europas ausgebaut wurde. Ganze 95 Prozent des Rheinufers sind künstlich mit Steinen und Beton angelegt. Und nur an einigen Abschnitten gab und gibt es vorsichtige Versuche, es zu renaturieren.

In unserem Gebiet aber kann der Rhein natürlich fließen und wird dadurch an manchen Stellen sogar bis zu einem Kilometer breit. Zusätzlich gibt es acht Inseln, auf denen die Tiere ungestört sind. Das Wasser zwischen Ufer und Insel ist flacher und ruhiger, was gut ist für Vögel und Fische. Der NABU bietet hier Führungen für Kinder, organisiert Ausflüge für Betriebe, bietet Wanderungen und sogar Schiffstouren auf einem Passagierschiff an.

Mich beeindruckt immer wieder, wie sich das Angesicht der Natur in so einer Auenlandschaft ändern kann. Eben noch standen die Auenwälder unter Wasser, dann sind die Wiesen mit einer Eisschicht überzogen. Man sieht, dass es dem Rhein bei uns gut geht, hier kann er seinen ganzen Zauber entfalten. Ich wünschte, er könnte es auch an vielen anderen Orten.

> **Flussauen sind selten geworden. 95 Prozent des Rheinufers sind künstlich angelegt. In unserem Gebiet aber wird der Fluss bis zu einem Kilometer breit**
>
> *Daniela Schaefer-Krolla*

Andreas Fath,
Chemieprofessor

Patient auf dem Weg der Besserung

Anfang 2014 habe ich den Rhein von Anfang bis Ende durchschwommen. Ich bin Chemieprofessor an der Hochschule Furtwangen und ein leidenschaftlicher Schwimmer. Der Rhein fließt an meinem Geburtsort Speyer vorbei, ich wollte wissen, wie es um die Wasserqualität meines Heimatflusses stand. Gleichzeitig wollte ich aber auch darauf aufmerksam machen, dass Wasser eine wertvolle Ressource ist. Angesichts der unterwegs gesammelten Proben würde ich sagen: Der Rhein liegt nicht mehr auf der Intensivstation, ist aber immer noch ein Patient.

Knapp einen Monat waren ich und meine Begleiter unterwegs. 1231 Kilometer in 25 Etappen, vom abgelegenen Tomasee in den Schweizer Alpen bis zur Nordsee. Die meiste Zeit trug mich der Rhein vorwärts. Trotzdem war es anstrengend, und ich musste an manchen Stellen höllisch aufpassen, nicht mit meinem Kopf auf Steine aufzuschlagen. Nach jeder Etappe warteten Leute auf mich. Ich gab Interviews, führte Gespräche über Plastik im Rhein und über Gewässerschutz.

Die Wasserqualität haben wir mit drei Methoden getestet. Zum einen hatte ich einen Überzieher mit einer Kunststoffmembran am Bein. In diesem sammelten sich die Stoffe an, denen ich den Tag über im Wasser ausgesetzt war. Ich war quasi wie ein Fisch. Meine Kollegen auf dem Begleitboot nahmen alle 50 Kilometer Wasserproben, die wir teils noch vor Ort analysierten oder später in Speziallabore gaben. Außerdem wurden alle 100 Kilometer 1000 Liter Wasser gefiltert, um die Mikroplastikbelastung im gesamten Rheinverlauf zu überprüfen. Auf 600 Stoffe haben wir untersucht, darunter Blei, Nickel, Cadmium,

Chrom, Phosphat, Nitrat, fluorierte Tenside und verschiedene Pflanzenschutzmittel. Auch der Sauerstoffgehalt wurde gemessen.

Alle Werte blieben unter den kritischen Grenzen. Da hat sich im Rhein vieles zum Guten gewandelt. Gleichzeitig ist der Fluss ein Spiegel unserer Zivilisation. So fanden wir Wirkstoffe aus Anti-Schuppen-Shampoos oder Spülmaschinentabs. Außerdem jede Menge Rückstände von UV-Stabilisatoren aus Sonnenschutzcremes, künstlichen Süßstoffen und Medikamenten, etwa gegen Herzrhythmusstörungen, Bluthochdruck, Depression oder Prostatakrebs, aber auch Betäubungsmittel, Schmerzmittel, Antibiotika und Blutfettsenker. Ein Chemiecocktail.

Und dann ist da noch der Plastikmüll. Den sehen wir größtenteils gar nicht, weil er auf den Boden hinabsinkt und dort durch die Kraft des Stromes zu Mikroplastik zermahlen wird. 200 Kunststoffpartikel haben wir pro Kubikmeter messen können, insgesamt acht Tonnen Kleinstoffteilchen werden so pro Jahr mit dem Rhein ins Meer gespült. Fische essen diese, wir essen die Fische und vergiften uns so indirekt selber.

Die vier Wochen Rheinschwimmen waren ein Abenteuer. Es endete allerdings mit einer heftigen Magenverstimmung – wahrscheinlich durch Bakterien. Doch davon lasse ich mich nicht abschrecken. Mein Kampf für plastikfreie Flüsse geht weiter: Im Sommer 2021 werde ich die Donau durchschwimmen.

> **Der Kühkopf ist eine riesige Insel zwischen Hauptstrom und einem Arm des Altrheins. Nahezu unbebaut und naturbelassen – ein Paradies für Vögel**
>
> *Jörg Lippmann*

Jörg Lippmann, Vogelkundler

Die Natur braucht Rückzugsorte

Bei uns auf dem Kühkopf geht es zu wie auf einem Flughafen. Ständig fliegt jemand an, ab oder herum. Im Frühling zum Beispiel treten nach und nach all die Vögel ihren Rückweg in den Norden an, die bei uns überwintert haben. Gleichzeitig kommen die ersten Arten aus dem Süden zurück, um hier die warmen Monate und ihre Brutzeit zu verbringen. Ich bin immer ziemlich gespannt, welchen der Frühlings-Rückkehrer ich als Erstes entdecken werde. Sind es die Störche oder die Kiebitze oder die Feldlerchen? Eher spät kommt der Pirol. Der ist ein Langstreckenzieher und stößt aus dem tropischen Afrika zu uns. Er liebt Wälder und die Nähe zum Wasser. Da ist er auf unserer hessischen Rheininsel sehr gut aufgehoben.

Ich bin Biologielehrer und ein großer Vogelfreund. Dafür stehe ich gerne frühmorgens um fünf Uhr auf und veranstalte Touren. Dann kann man mich mit 20 Interessierten sehen, die leise und vorsichtig mit mir über den Kühkopf laufen und nach Singvögeln, Wasservögeln oder Spechten Ausschau halten. Alle paar Meter bleiben wir stehen, lauschen, schauen und bestimmen. Ich schätze, dass ich circa 100 Vögel an ihrem Gesang auseinanderhalten kann. Neuerdings beschäftige ich mich mit Spechten und lerne ihre verschiedenen Trommelarten. Sie trommeln mal dumpf und tief, mal schnell wie eine Nähmaschine.

Der Kühkopf ist mit rund 1700 Hektar eine riesige Rheininsel, umschlossen vom Hauptstrom und von einem Arm des Altrheins. Sie ist na-

hezu unbebaut und naturbelassen – ein wahres Paradies für Vögel. Seit fast 70 Jahren steht sie zusammen mit der 700 Hektar großen Knoblochsaue direkt daneben unter Naturschutz. Inzwischen gehört sie auch zu einem EU-Vogelschutzgebiet, das noch weiter reicht. 252 Vogelarten leben hier über das Jahr verteilt. Das liegt an der einzigartigen und artenreichen Auenlandschaft: Wir haben flache Gewässer, Seitenarme, kleine Inseln und Sandbänke, Auenwiesen, Hartholz- und Weichholzauen.

Insgesamt sind das tolle Bedingungen für viele unterschiedliche Vögel und ihre Bedürfnisse. Sie finden Nahrung, Schutz und Brutflächen und haben ihre Ruhe. Wir haben auch viele Greifvögel: Falken, Habichte, Milane. Dann sind da noch die vielen Wasservögel, die Enten- und Gänsearten, die Schwäne, die Möwen, die ich als Teil einer deutschlandweiten Aktion aller Vogelkundler im Winter einmal im Monat durchzähle.

Wenn ich das alles zusammennehme, kann ich sagen, dass es dem Rhein hier gut geht. Aber das muss auch so sein: Gerade weil die Natur an diesem Strom so stark zurückgedrängt wurde, sind solche Rückzugsgebiete wie hier für die Vogelwelt äußerst wichtig. Leider nimmt der Freizeitdruck zu. Menschen wollen sich in der Natur erholen. Was ja auch gut ist. Doch wenn sie die Wege verlassen oder als Stand-up-Paddler auf dem Wasser unterwegs sind, schrecken sie die Vögel auf. Der Schwarzmilan beispielsweise hatte mit 50 Paaren in unseren Rheinauen die höchste Brutdichte Süddeutschlands. Nun sind wir wieder bei 10 bis 20 Paaren. Deswegen mein Appell an die Besucherinnen und Besucher: Lasst uns zusammen die Natur genießen und Rücksicht nehmen. ■

RHEINQUELLE

STROM…

…ist MERIAN-Autor Martin Helg gereist, immer weiter hinauf in die Schweizer Alpen. Er wollte erfahren, wo genau der mythisch aufgeladene Rhein entspringt. Unterwegs wurde eine Sache schnell klar: Die Quellenlage ist durchaus schwierig

FOTOS **GULLIVER THEIS**

Bummelbahn durch den »Grand Canyon der Schweiz«: In der Graubündner Rheinschlucht verläuft die Zugstrecke oft direkt am Flusslauf des Vorderrheins

E

Ein Leuchtturm? Auf der Suche nach der Rheinquelle glänzt mir das Ding knallrot am Oberalppass entgegen. Beim Näherkommen verfliegen auf 2046 Metern über dem Meeresspiegel alle Zweifel: tatsächlich, es ist ein Leuchtturm. Am Anfang des Rheins nimmt der Nachbau eines diensterprobten Modells aus dem Mündungsgebiet dessen Ende vorweg. Die Stiftung Leuchtturm Rheinquelle hat ihn hier in der Quellzone des Vorderrheins aufgestellt. Bin ich jetzt schon am Ziel angelangt? Der Stiftungspräsident Hanno Wyss gibt sich selbstgewiss. »Eigentlich hat sich klar durchgesetzt, dass der Tomasee beim Oberalppass als Rheinquelle gilt. Ob das geografisch ganz korrekt ist, sei dahingestellt.«

So klar ist der Fall also doch nicht. »Rhein« heißt der Rhein nämlich erst ab Reichenau im Kanton Graubünden. Und dort fließen zwei Flüsse zusammen, deren Quellen beide in Frage kommen: der nördlichere, vom Leuchtturm beworbene Vorderrhein und der südlichere Hinterrhein. Welcher der beiden Zubringer ist der wahre und eigentliche? Der Vorderrhein wirft 76 Kilometer Länge in die Waagschale – gegenüber 72 Kilometern des Hinterrheins. Der Hinterrhein trumpft mit einer Wasserführung von 59,6 Kubikmetern pro Sekunde auf – gegenüber 53,8 Kubikmetern des Vorderrheins. Was wiegt schwerer?

Viele Bäche aus Graubünden entwässern in die Nordsee – die Frage nach der Rheinquelle ist hydrologische Metaphysik. Doch wer vom Rhein redet, redet nicht nur von Wasserscheiden, Zuflüssen und Sickermengen, sondern auch von der Loreley, Wagners Rheintöchtern und allerhand Seelenlandschaften. Wenn dann auch noch bei Victor Hugo geschrieben steht, dass »die ganze Geschichte von Europa in diesem Fluss der Krieger und Denker« liege, »in dieser phantastischen Woge, die Frankreich zur Tat anregt, in diesem tiefgründigen Rauschen, das Deutschland träumen lässt« – dann möchte man doch gern erfahren, aus welcher Quelle sich das Pathos speist.

Um es herauszufinden, folge ich dem Hinterrhein von Reichenau aus bergaufwärts mit der Rhätischen Bahn bis Thusis und im Postauto weiter südwärts in Richtung San-Bernardino-Pass. Im Dorf Nufenen beginnt der Wanderweg in die Geröll- und Wiesenzone, in der das Bächlein namens Hinterrhein zu gurgeln beginnt – weltabgewandt, von Rheinwaldhorn, Güferhorn und Rheinquellhorn gespeist. Als »hurtiges Knäblein«, so nennt es die Schriftstellerin Elke Heidenreich, springt es von dort oben zu Tal, über Stock und Stein. Mehrmals habe ich es im Herbst schon in meinem bergtauglichen, ordentlich mit Melkfett abgedichteten Lederschuhwerk mit einem einzigen Schritt überquert. Diesmal aber werde ich in Nufenen durch die unberechenbare Natur gestoppt: Der Wanderweg ist tief verschneit und unbegehbar. Aber auch das Flüsschen, das ich im Dorf selbst in seinem Bett schäumen sehe, lässt sich schwer mit der Vorstellung in Einklang bringen, dass es stark genug werden wird, um ganze Städte mit Elektrizität und 30 Millionen Menschen mit Trinkwasser zu versorgen. Doch kaum habe ich das Knäblein ein Stück talwärts begleitet, gewinnt es beim Dorf Sufers Respekt einflößende Statur: Talsperre, Vollbremsung, Verbreiterung zum Stausee.

Danach wieder normale alpine Reisegeschwindigkeit, eine Linkskurve nordwärts, dann stürzt sich der junge Fluss in der Rofflaschlucht spektakulär über eine Felskante – zur Freude der vielen Motorrad- und Fahrradfahrer, die ihre Gefährte vor dem Hotel »Rofflaschlucht« geparkt haben, um sich diese Szene-

Der Tomasee (unten) wird oft als Quelle genannt. Vom Oberalppass führt eine beliebte Wanderung hierher. Am Pass steht sogar der Nachbau eines Leuchtturms aus dem Mündungsgebiet des Rheins. Doch auch das beweist nicht, dass der Fluss tatsächlich hier seinen Anfang nimmt

Höhepunkt am Hinterrhein: Den Wasserfall in der Rofflaschlucht erreicht man über eine Galerie, die vor über hundert Jahren dem Fels abgerungen wurde

AM ANFANG ZEIGT DER JUNGE RHEIN SEINE GANZE KRAFT

rie gegen einen Obolus anzuschauen. Fluregn und Doris Melchior führen den Betrieb in alter Familientradition. Nur durch Gaststube und Hintergarten gelangt man über eine Felsgalerie zum Wasserfall – ein Glanzstück der Ingenieurskunst, das sich Fluregn Melchiors Urgroßonkel Christian Pitschen-Melchior in sieben Wintern 8000 Pulverladungen und unzählige lebensgefährliche Arbeitsstunden kosten ließ.

Die Geschichte des Urgroßonkels und seiner Galerie beginnt mit dem Mobilitätsschub des späten 19. Jahrhunderts: Nach der Eröffnung des Gotthard-Eisenbahntunnels 1882 war der Warenverkehr über die alte Splügen-San-Bernardino-Route versiegt, kaum ein Säumer machte mehr halt im Gasthaus der Melchiors. Ihrer Zukunft beraubt, flohen Christian und seine Frau Maria nach San Francisco. Sie putzte in besseren Häusern, er schleppte Fleisch auf dem Markt, die Jahre vergingen, und das Leben in der Fremde wurde ihnen sauer. Einmal, als Christian einen reichen Engländer auf einer Reise begleiten durfte, bekam er die Niagarafälle zu Gesicht – und die vielen Leute, denen dieser Anblick eine weite Anreise samt Eintrittsticket wert war. Er erinnerte sich an den Wasserfall zu Hause im Hinterrheintal, der unsichtbar hinter unbegehbaren Felswänden verborgen war, und hatte eine Idee. Die beiden kehrten in die Schweiz zurück – und Christian Pitschen-Melchior sprengte sich und seiner Familie ab 1907 den Weg in eine neue Zukunft frei.

So kann ich heute als einer von jährlich 15 000 Besuchern über den glitschigen Stein der Galerie und am Ende durch einen Tunnel trippeln, der hier tatsächlich unter dem Fluss aller Flüsse hindurchführt – was »vor allem deutsche Besucher beeindruckt«, wie Urgroßneffe Fluregn sagt. Schaudernd stelle ich mir vor, was wäre, wenn sich der Rhein aus seinem Bett erhöbe wie beim Rekordhochwasser 2006. Stimmt es, dass damals das Haus vibrierte? »Wenn so viel Wasser da ist, spürt man das schon«, sagt Doris Melchior. Kommt es umgekehrt auch vor, dass gar kein Wasser fließt? »Nein, weil oben das Kraftwerk ist, müssen sie immer eine bestimmte Menge Wasser herunterlassen. Das ist genau geregelt.« So viel zur Freiheit und Selbstbestimmung des jugendlichen Rheins.

»Nicht liebt er, wie andere Kinder / in Wickelbanden zu weinen«, hat einst Friedrich Hölderlin in seiner Hymne »Der Rhein« gedichtet. Aber das war lange vor dem Bau der Staudämme, deren zweiter recht bald nach der Rofflaschlucht bei Bärenburg folgt und das hurtige

Bächlein in ein grün-braun-graues Brackwasser verwandelt. Baumstämme und Holzreste treiben darin. Gibt es vielleicht Rheinfanatiker, die das Wasser hier beschwimmen? »Nein«, sagt Frau Melchior, »in den Stauseen ist es zu gefährlich, und davor ist Wildwasser, in das sich höchstens Polizeitaucher bei einer Übung hineinwagen.« Fazit: Trotz Wickelbanden sollte man sich vor dem jungen Racker in Acht nehmen.

Zwei Wanderstunden weiter unten rauscht der Fluss durch die Viamala. Die wie mit einem Beil 300 Meter tief in die Landschaft gehauene Schlucht ist weithin bekannt – auch dank dem Reise-Influencer Johann Wolfgang Goethe, der hier auf dem Rückweg aus Italien mit der Kutsche haltmachte. Ich löse am oberen Schluchtenrand ein Ticket im Besucherzentrum und klettere 359 Stufen in die Tiefe, wo der beengte Fluss den Fels zu Strudeltöpfen höhlt. Ausgerechnet hier fließt das Wasser aber so gemächlich, dass sich verwegenere Gemüter beim Canyoning im Neoprenanzug durch die Schlucht treiben lassen können.

Selfie-Spot und Bade-Stopp: Die Wanderung von Flims zur Aussichtsplattform »Il Spir« führt am Caumasee vorbei (rechts). Am Ziel zückt fast jeder die Handykamera – der Weitblick über die Rheinschlucht ist einzigartig

Kaum hat er die Viamala hinter sich, trifft unser Fluss bei Thusis mit der Albula zusammen. Jetzt wird es verwirrend: Sie führt mehr Wasser als er! Könnte also das, was bei Rotterdam ins Meer fließt, nicht geradeso gut Albula wie Rhein heißen? Das Gedankenspiel bringt mich zu meiner Mission zurück: die wahre Rheinquelle zu finden. Wo bleibt das Rinnsal, das seinen Anspruch mit natürlicher Autorität unterstreicht? Nachdem der Vorderrhein etwas allzu ostentativ mit seinem Leuchtturm geprahlt hat, hüllt sich der Hinterrhein allzu bescheiden in Schweigen. Ein Fachmann muss her und die Sache entscheiden! Ich frage Ernst Bromeis. Der Graubündner hat als »Wasserbotschafter« schon zwei Versuche unternommen, den Rhein zu durchschwimmen – und sich für den längeren Vorderrhein als Oberlauf entschieden. Doch wo genau hat er begonnen?

Beim ersten, gescheiterten Versuch 2012 war es der Tomasee. Dessen Status als Quelle bezeichnet er allerdings als eine »Marketingleistung«, was durchaus passt: Als neue Werbeaktion plant die Stiftung Leuchtturm Rheinquelle gerade, ein Schiff aus Eis zum Leuchtturm zu schaffen und als Schmelzwasser meerwärts gleiten zu lassen. Seinen zweiten, geglückten Versuch startete Bromeis zwei Jahre später in der geografischen Mitte zwischen Vorder- und Hinterrhein, im Lago di Dentro am Lukmanierpass. Dort beginnt der »Rein da Medel« – keine andere Rheinquelle liegt weiter von der Mündung entfernt. Es war eine Kompromisslösung mit metaphysischer Zusatzqualifikation: Obwohl der See auf der Alpensüdseite liegt, widersetzt sich der »Rein da Medel« der Logik der Wasserscheide, wendet sich statt der Adria der Nordsee zu und fließt bei Disentis in den Vorderrhein.

Zuvor aber versperrt eine über 100 Meter hohe Mauer den Wasserweg ins Tal. Bromeis brauchte die Zustimmung der Kraftwerkgesellschaft, um den Stausee Santa Maria zu durchschwimmen. »Unheimlich und kalt« sei es gewesen: »Du bewegst dich in einer sehr technischen Umgebung, wie in einem riesigen Schwimmbecken.« Die Mauern und Röhren der Kraftwerke zwingen dem Fluss ihren betriebswirtschaftlichen Rhythmus auf. Hat der Strompreis eine Hausse, darf das Wasser über die Turbinen ins Flussbett zurückfließen, während Preisbaissen es in die Wehre zurückdrängen und zum Rinnsal machen oder wie Bromeis sagt: »den Fluss seiner Würde berauben«.

Immerhin hat die Kraftwerkgesellschaft die Seeforelle nicht ganz vergessen und ermöglicht ihr durch verbesserte Fischtreppen, bald wieder bis nach Disentis

hinauf zu laichen. Aber nicht nur die Fauna, auch das River-Rafting-Business in der Rheinschlucht bezieht das Unternehmen solidarisch in seine Rentabilitätsrechnungen mit ein. Damit die Anbieter nicht auf dem Trockenen sitzen, ist abgemacht, dass in der Regel zweimal täglich eine Turbine läuft, damit genügend Wasser für den Schlauchboot-Sport weiterfließt.

Gegenstandslos ist die Vereinbarung bei Hochwasser, wenn die Kubikmeter samt Schwemmholz am Kraftwerksbetrieb vorbeischießen und das Rinnsal zum bleigrauen Ungetüm anschwellen lassen – leider ausgerechnet auch an dem Tag, für den ich eine Rafting-Tour durch die Rheinschlucht gebucht habe. Auf der Anfahrt beschleichen mich Zweifel, ob das eine gute Idee war. Durch das Zugfenster sehe ich die Flut talwärts donnern und an den Rändern an Büschen und Bäumen hobeln. Nur Stunden zuvor hat der Fluss 700 Kubikmeter Wasser geführt, Saisonrekord. An Rafting war nicht zu denken.

Und jetzt? »Wir haben etwas mehr Wasser«, sagt unser Guide Norman – und befiehlt uns, in Neoprenanzüge und Schwimmwesten zu steigen. Wie das Lamm zur Schlachtbank trotte ich Richtung Umklei-

»ALS SCHWIMMER WIRD MAN EIN TEIL DES STROMS«

*Der Graubündner **Ernst Bromeis** gehört zu den drei Menschen, die den Rhein von der Quelle bis zur Mündung durchschwommen haben*

MERIAN: Herr Bromeis, was hat Sie dazu getrieben, 2014 durch den kompletten Rhein zu schwimmen?
ERNST BROMEIS: Ich bin Expeditionsschwimmer und mache mit meinen Aktionen auf die Bedeutung und Endlichkeit des Wassers aufmerksam. Und ich habe es für mich gemacht, weil mir Herausforderungen Spaß machen.
Spaß? Bei Ihrem ersten Versuch zwei Jahre zuvor mussten Sie unterkühlt und entkräftet aufgeben...
Kalt war es auch beim zweiten Mal, zudem kämpfte ich durchgehend mit Hochwasser. Von Waldshut bis Rotterdam sah ich vor lauter Sedimenten meine Hände nicht und schwamm wochenlang blind. Einmal bogen wir, mein Bootsbegleiter und ich, bei einem Stauwehr falsch ab und trieben in Richtung Turbine – das war knapp. Auf dem Niederrhein bekam ich es mit der Aggression von Frachtschiffkapitänen zu tun, die mich abdrängten. Aber bei allen Schwierigkeiten, oder gerade deswegen, war das Glücksgefühl unterwegs und vor allem am Ende im Mündungsgebiet unbeschreiblich.
Wie haben Sie Gefälle und Kraftwerke überwunden?
Zu Fuß. Ich habe die ganze Strecke aus eigener Kraft zurückgelegt, ohne Fahrrad oder Boot. Auch an der Loreley und im Hafen von Rotterdam musste ich laufen, weil ich keine Schwimmbewilligung bekam. Ganz oben lässt sich der Rhein nur in den Seen und dann wieder nach Ilanz durchschwimmen.
Wo war es am gefährlichsten?
Es war die ganze Zeit gefährlich. Im Kanton Graubünden treffen Sie den

Riskante Route: Schon ab 1473 führte ein Saumpfad durch die enge Viamala-Schlucht bei Thusis. Sicherer wurde die Strecke erst im 18. Jahrhundert durch Steinbrücken – die vordere im Bild stammt noch aus dieser Zeit

DER FLUSS ZIEHT TIEFE FURCHEN DURCH DEN FELS

de. Danach ist Versammlung am Ufer, und Norman macht immer noch keine Anstalten, die Übung abzublasen. Stattdessen erklärt er, was zu tun ist, wenn die Flut uns abwirft: Schleunigst zurück zum Boot schwimmen, falls nicht mehr möglich, treiben lassen und warten, bis ein Notfall-Kanute uns eventuell aufgabelt. Und sollten wir kentern und unters Schlauchboot geraten, keine Panik! So finster es auch sein möge, man habe Luft zum Atmen.

Der Ritt über Wirbel und Stromschnellen dauert eineinhalb Stunden und führt durch völlig unberührte Natur. Streckenweise gibt es nicht einmal Wanderwege – nur Gämsen, Wasservögel, Schmetterlinge und Orchideen; Bäume überleben hier manchmal nur bis zum nächsten Hochwasser. Der Name »Grand Canyon der Schweiz« erklärt sich durch die Gesteinsmassen, die vor knapp 10000 Jahren der Flimser Bergsturz aufgetürmt hat und die den Fluss eine Zeitlang zum See stauten. Dann begann er sich einen Weg durch weißen Kalk und schwarzen Schiefer zu fressen, tiefer und tiefer, bis sich die Wände zu seinen Seiten Hunderte von Metern hochtürmten.

Weil sich der Fluss den Weg des geringsten Widerstands suchte, wechselte er ständig seine Richtung, sodass wir auf unserer Schleuderfahrt immer wieder an abgeschnittenen alten Flussbetten vorbeitreiben oder in scharfen Kurven frontal auf Felswände zuhalten; wobei unklar bleibt, ob uns Normans Steuerkunst oder die Gnade einer unsichtbaren Strömung vor dem Crash bewahrt. Netterweise weist uns der Kapitän immer wieder auf Stromschnellen mit 100-prozentiger Kentergarantie in unmittelbarer Nähe hin, also besser schön konzentriert bleiben!

Wäre man an dieser Stelle so mutig wie der Schwimmer Ernst Bromeis, der unterwegs sogar die Muße hatte, gelegentlich den Kopf unter Wasser zu halten – man würde die Steine auf dem Grund wandern hören. Aber Bromeis ist nach Bewältigung der Rheinschlucht ja auch nicht mit der Bahn nach Hause gefahren, sondern 42 Tage lang bis nach Rotterdam weitergeschwommen, mehr als 1200 Kilometer weit. Hat seine Route den Legitimitätsstreit der Quellen entschieden? Na ja. Bei Waldshut führte sie ihn am Zufluss der Aare vorbei, die mehr Wasser führt als der Rhein. Und trotzdem wird der Rhein hier nicht zur Aare. Ergründe jemand diesen Fluss!

Martin Helg ist Redakteur beim Magazin der NZZ am Sonntag. Das Quellgebiet des Rheins kannte er aus seiner Jugend: Mit den Eltern ist der Schweizer oft durch diese Region gewandert.

ganzen Sommer niemanden, der den Rhein runterschwimmt. Einfach weil es keinen Spaß macht: die Kälte, die Schläge, wenn man mit Beinen, Rücken und Becken gegen Steine schlägt. In der Rheinschlucht gibt es Wasserwalzen, Unterspülungen, man kann sich nicht einfach reinhocken und sich treiben lassen. Sonst überlebt man es nicht.

Gab es entspannte Momente?
Der Bodensee ist Fleißarbeit, aber dann kommt der liebliche Teil ab Stein am Rhein, rund um den Rheinfall und bei Eglisau, wo der Fluss durch die unkorrigierten Ufer vielleicht am ursprünglichsten ist. Generell nimmt man aber schon wahr, dass der Mensch ihn vom ersten Stausee gleich nach der Quelle bis zur Mündung reguliert. Selbst der Murten-, Bieler- und Neuenburgersee sind gigantische Ausgleichsbecken für den Rhein, in den sie via Aare entwässern.

Sie spielen Klavier. Sind Sie mit Beethovens Mondscheinsonate in den Ohren geschwommen?
Klar, Beethoven kommt aus Bonn am Rhein! Der Fluss ist so überladen und kulturell überhöht als Vater Rhein, Grenzfluss, Schicksalsfluss – wenn das jemanden ein bisschen berührt, schwimmt es mit ihm mit. Wasser ist nicht einfach H_2O, jeder Fluss hat seine Seele. Den Abschnitt vor und nach der Loreley kann man wegen des Güterverkehrs am Ufer zwar nicht mehr mit den gleichen Augen wahrnehmen wie die Dichter der Romantik, aber als Schwimmer wird man hier ein Teil des Stroms.

Darf man das Wasser schlucken?
Von einem Glas voll in Köln kriegen sie kein Bauchweh, aber an den Wehren des niederrheinischen Industriegebiets würde ich nicht den ganzen Tag trinken. Es kommt auf die Dosis an.

Werden Sie nochmals schwimmen?
Ich würde es gern wieder erleben! Doch ich ziehe meine Energie auch daraus, dass meine Projekte Unikate sind. So wie ein Reinhold Messner, wenn er an den Mount Everest zurückkehrt, eine andere Route wählt, brauche ich eine neue schwimmerische, kognitive und philosophische Herangehensweise. Sonst wird es repetitiv.

dasblauewunder.ch

UNTERWEGS IN DER QUELLREGION

Das Quellgebiet des Rheins in Graubünden teilt sich in die zwei großen Zuflüsse Vorderrhein und Hinterrhein. Höhepunkte am Hinterrhein sind die Rofflaschlucht ❶ mit der Felsgalerie und die Viamala-Schlucht ❷, die von der Straße über ein Besucherzentrum mit Treppe zugänglich ist. Die Viamala-Schlucht lässt sich auch auf Canyoning-Touren erleben – oder auf der spektakulären, rund 10 Kilometer langen Wanderung von Thusis nach Zillis, die auch über eine beeindruckende Hängebrücke führt. Am Ziel lohnt ein Besuch der romanischen Saalkirche St. Martin, deren Decke ein einzigartiges Werk aus 153 Bildtafeln ziert. Ein Klassiker am Vorderrhein ist die Wanderung vom Leuchtturm am Oberalppass ❸ zum Tomasee, der gern als Rheinquelle präsentiert und vermarktet wird.

Wer sich für Wasserkraft interessiert, kann sich für eine kostenlose Besichtigung des Kraftwerks Vorderrhein ❹ in Sedrun anmelden. Etwas weiter unten führt in Ilanz ein Seitental hoch zum Valser Rhein und zum Thermalbad in Vals ❺. Eine einzigartige, fast sakrale Atmosphäre herrscht in dem Gebäude aus 60 000 Quarzit-Platten, das der Schweizer Architekt Peter Zumthor entworfen hat und das inzwischen wie das dazugehörige Hotel unter dem Namen »7132« firmiert (der Postleitzahl von Vals). Wem eine Rafting-Tour von Ilanz bis Reichenau durch die Rheinschlucht ❻ zu nervenaufreibend ist, findet im »Grand Canyon der Schweiz« auch schöne Aussichtspunkte und Wanderwege. Außerdem verläuft die Zugstrecke der Rhätischen Bahn ebenfalls am Flussufer entlang.

Rofflaschlucht
Tel. +41 81 66 11 197
rofflaschlucht.ch

Viamala-Schlucht
viamala-schlucht.ch (Canyoning: Swissraft, Tel. +41 81 911 52 50
swissraft.ch)

Leuchtturm am Oberalppass
leuchtturm-rheinquelle.ch

Besichtigung Kraftwerk Vorderrhein
Buchung über Sedrun Disentis Tourismus, Tel. +41 81 920 40 30
disentis-sedrun.graubuenden.ch

7132 Therme
Tel. +41 58 713 20 10
7132.com/de/therme

Rheinschlucht rheinschlucht.ch

River-Rafting Rheinschlucht
Tel. +41 81 936 01 04
swissriveradventures.ch

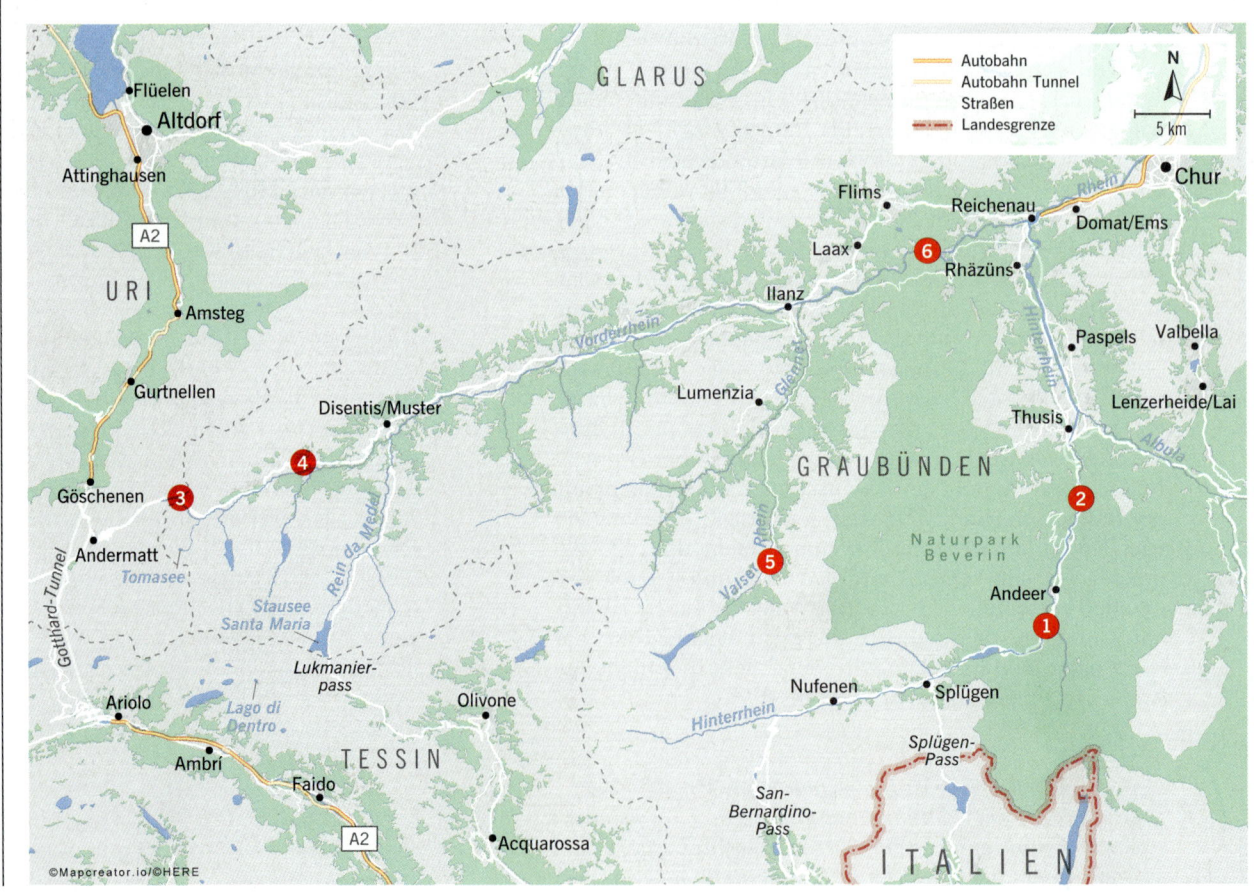

Stell Dir vor, aus klimaneutral wird jetzt sogar umweltneutral*.

Ausgleich von 5 Umweltauswirkungen*

Pro Climate
Umweltneutrale Produkte* von dm

Produziert mit möglichst geringem ökologischen Fußabdruck, kompensiert dm bei den Pro Climate-Produkten verbleibende Umweltauswirkungen durch Renaturierungsprojekte in Deutschland. Dabei wird nicht nur der CO_2-Ausstoß ausgeglichen, sondern auch Eutrophierung, Versauerung, Sommersmog und Ozonabbau.
Mehr Infos: dm.de/klima

Für weitere Infos QR-Code scannen

*KOMPENSATION von CO_2-Emissionen, Eutrophierung, Versauerung, Sommersmog & Ozonabbau

** Wasserfest: Unabhängiges Testinstitut bestätigt: Nach 40 Minuten Aufenthalt im Wasser bestehen weiterhin mindestens 50 % des ausgelobten Lichtschutzfaktors
dm-drogerie markt GmbH + Co. KG · Am dm-Platz 1 · 76227 Karlsruhe

HIER BIN ICH MENSCH
HIER KAUF ICH EIN

MERIAN CITY-TRIP

48 STUNDEN IN

Konstanz

Die Traumkulisse des Bodensees gehört zu seinem Arbeitsplatz, wenngleich seine Augen meistens auf den Herd gerichtet sind. Spitzenkoch Dirk Hoberg vom »Ophelia« über das Leben am Wasser

Vor Konstanz habe ich in Baiersbronn gearbeitet, bei Harald Wohlfahrt in der »Schwarzwaldstube«. Das war lehrreich, aber der Schwarzwald war nicht mein Ding. Das war mir alles zu abgelegen, zu dunkel und drückend. Ich weiß noch genau, wie ich dann wegen eines guten Jobangebots von Baiersbronn nach Konstanz gefahren bin: Nach dem Wald war da plötzlich diese Weite vor mir, das war sehr befreiend. Der Blick bei klarem Wetter auf den Bodensee und die Berge berührt mich noch heute.

Eigentlich wollte ich nur ein Jahr in Konstanz bleiben. Aber man verliebt sich schnell in diese Region. Und hier konnte ich als Küchenchef das Gourmetrestaurant Ophelia im »Hotel Riva« mitaufbauen. Letztes Jahr habe ich mit dem Team dort Jubiläum gefeiert: 10 Jahre bin ich jetzt hier.

Seit Kurzem lebe ich mit meiner Familie am Stadtrand. An normalen Tagen bringe ich jetzt meine vierjährige Tochter morgens mit dem Lastenrad zur Kita und fahre dann weiter zum Restaurant. Hier ist sowieso jeder auf dem Fahrrad unterwegs, Konstanz ist eine richtige Fahrradstadt. Auch der gut beschilderte Bodensee-Radweg ist fantastisch. Er führt rund 260 Kilometer am Ufer entlang um diesen unglaublich schönen See. Am besten erlebt man ihn aber vom Wasser aus, etwa mit einem der Elektro- oder Tretboote im Hafen, einem Stand-up-Paddle-Board oder einfach schwimmend. Dafür ist das »Hörnle« – offiziell Strandbad Horn – ideal. In der weitläufigen, kostenlos zugänglichen Anlage am Seeufer mit Kiesstränden und Grünflächen trifft sich im Sommer die ganze Stadt.

Morgens gehe ich gerne ins N° elf. Im ultrakleinen Café mit Laden trifft man sich bei außergewöhnlichen Kaffees und später auch bei leckeren Weinen. Es befindet sich in der wunderschönen Altstadt, nicht weit vom traditionsreichen Theater Konstanz entfernt. Ich mag das kleine Haus unglaublich gern, oft werden spannende und zum Teil auch kritische Stücke aufgeführt. Das ist typisch für Konstanz: Die Stadt mag mit ihren alten Gassen beschaulich wirken, aber durch die Uni hat sie ein lebendiges, junges Flair. Das spürt man etwa in der Neugasse, in der sich gerade viele kleine, individuelle Geschäfte ansiedeln – etwa Nougatglück,

Dirk Hoberg, 1981 in Osnabrück geboren, lernte von den Altmeistern Hans Stefan Steinheuer in Bad Neuenahr und Harald Wohlfahrt in Baiersbronn, arbeitete in Spitzenhäusern wie »La Vie« (Osnabrück), »Tristán« (Puerto Portals, Mallorca) und führt seit 2010 als Küchenchef das »Ophelia« in Konstanz. Sein Credo: »Das Bessere schlägt immer das Gute.«

RHEINKILOMETER 0

Imposante Lage: Blick über Häuserzeilen auf die alte Rheinbrücke und den Konstanzer Hafen, in dessen Ausfahrt die Statue Imperia die auslaufenden Wasserfahrzeuge verabschiedet

Lieblingsstücke: Dirk Hoberg hat ein Faible für den Schmuck im Atelier Zobel

DIE BLUMENINSEL

Mainau ist die drittgrößte Insel des Bodensees und für ihre Blumenvielfalt bekannt. Das Eiland verdankt seine Blüte der Gartenleidenschaft des Grafen Lennart Bernadotte. Er gehörte zum schwedischen Königshaus – bis er eine Bürgerliche heiratete. In den 1930er Jahren legte er die ersten Gärten an, die von den nächsten Generationen der Familie immer weitergepflegt wurden. Heute ist Mainau eine mediterrane, oft farbenprächtige Oase und normalerweise das ganze Jahr über besuchbar. Tickets unter mainau.de

wo es feines, selbst hergestelltes Nougat gibt. Typisch für Konstanz sind auch die vielen Goldschmiede und Schmuckläden, dafür sorgt unter anderem die Kaufkraft der Schweizer Kunden. Ich bin ein großer Fan des Ateliers Zobel. Der Schmuck, der hier gefertigt wird, ist wirklich kunstvoll und einzigartig.

Wer nicht für ein Menü im »Ophelia« oder für einen Abend auf der Terrasse des Seerestaurants »Riva« zu uns kommen will, sollte sich das häufig wechselnde Angebot der Essbar anschauen. Ich liebe die asiatisch angehauchte Fusion-Küche des Bistros von Julian Müller-Nestler, etwa der gedämpfte Burger oder die marinierten Austern. Der Koch betreibt auch das Streetfood-Lokal Burro Burro, da gibt es leckere und unglaublich große Burritos aus größtenteils regionalen Zutaten. Am Abend bietet das San Martino eine süffige Küche, etwa eine Bouillabaisse oder ein Steak vom Holzkohlegrill. Bekannt ist auch die Bar dort, vor allem, weil das Gastro-Urgestein Hans Lauinger sie leitet. Als einst die Münchner High Society am Wochenende nach Konstanz reiste, um in einer Bar mit viel Champagner zu feiern, stand er hinter dem Tresen. Das »San Martino« befindet sich direkt in der Stadtmauer, es ist also eher urig und dunkel.

Wer einfach einen Abend am Wasser verbringen möchte, geht besser in die sehr bodenständige Hafenhalle. Da gibt es etwa selbst gemachte Maultaschen – vor allem aber einen großen Biergarten mit Aussicht auf den Hafen.

Eines meiner liebsten Schönwetterziele in der Umgebung ist die Insel Reichenau. Sie ist rund zehn Kilometer von der Altstadt entfernt und über einen Damm gut erreichbar – auch mit dem Fahrrad. Die Gemüse- und Obstbauern der Insel verkaufen ihre Ernte am Straßenrand. Auf dem Campingplatz Sandseele kann man ein Kanu mieten, vor allem aber ist das Restaurant der perfekte Ort, um zu zweit einen warmen Sommerabend zu verbringen. Der Betreiber ist Weinliebhaber, entsprechend gut ist das Angebot. Dazu gibt es einfache Gerichte wie Saibling mit Kartoffeln, Salat und Remoulade und eine göttliche Stimmung. Man sitzt direkt am Ufer, schaut den Gästen aus der Schweiz zu, wie sie hier mit ihren Booten anlanden, und genießt den fantastischen Sonnenuntergang. Einen Halt lohnt auf der Insel Reichenau auch das Bistro Bei Riebels. Stefan und Urs Riebel gehören zu den letzten Berufsfischern am Bodensee, und so gibt's etwa Fischbrötchen mit selbst gefangenen Felchen, sauer eingelegt oder gebraten. Das ist nicht selbstverständlich: Der Fischbestand im Bodensee wird immer kleiner, da das Wasser nur noch wenige Nährstoffe bietet.

Weinliebhaber sollten mit dem Schiff nach Meersburg fahren. Um ein Gläschen zu schlürfen, gehe ich dort gern in die Gutsschänke des Staatsweinguts Meersburg. Die Küche ist einfach – ich esse meistens nur einen Flammkuchen –, der Ausblick aber eine Sensation.

Kulinarisch ist durch das Gourmetrestaurant s'Äpfle im Seehotel »Villa Linde« auch der kleine Ort Bodman ganz im Nordwesten des Bodensees interessant geworden. Küchenchef Kevin Leitner sammelt viele Zutaten selber und gibt den Gerichten so einen regionalen Einschlag. Das ganze Team ist handwerklich sehr begabt, das weiß ich gut – sie haben alle mal bei mir gearbeitet. ∎

Protokoll: Jonas Morgenthaler

ADRESSEN

Ophelia im Hotel Riva
Seestr. 25
restaurant-ophelia.de

Bodensee-Radweg
bodensee-radweg.com

Strandbad Horn
Eichhornstr. 100
konstanzer-baeder.de

Cafe N° elf Gerichtsgasse 11
no-elf.de

Theater Konstanz Konzilstr. 11
theaterkonstanz.de

Nougatglück Neugasse 20
nougatglueck.de

Atelier Zobel Rosgartenstr. 4
atelierzobel.com

Essbar Bahnhofstr. 15
essbar-konstanz.de

Burro Burro Bodanstr. 41
burroburro.de

San Martino Bruderturmgasse 3
san-martino.net

Hafenhalle Hafenstr. 10
hafenhalle.com

Campingplatz Sandseele
Reichenau, Zum Sandseele 1
sandseele.de

Bei Riebels
Reichenau, Seestr. 13
riebels-fischdelikatessen.de

Staatsweingut Meersburg
Meersburg, Seminarstr. 6
staatsweingut-meersburg.de

s'Äpfle im Seehotel Villa Linde
Bodman-Ludwigshafen
Kaiserpfalzstr. 50
seehotelvillalinde.de

1| Ein großes Walmdach markiert am Hafen das Kaufhaus, das schon im Mittelalter als Handelsplatz diente. Im 15. Jahrhundert tagte darin ein wichtiges Konzil
2| Im »Burro Burro« gibt's mexikanisches Streetfood
3| Jeder Gang ist im »Ophelia« ein Erlebnis für die Sinne

Badeplausch in Basel. Wie hier bei der Klingentalfähre werden die Ufer des Rheins im Sommer zum Sonnendeck der Stadt

RHEINKILOMETER 166

ALLE IM FLUSS

Die Baslerinnen und Basler springen liebend gerne in den Rhein und lassen sich treiben. Im Dreiländereck ist auch sonst vieles in Bewegung – besonders, wenn es um Kunst geht

TEXT **TINA BREMER** FOTOS **VOLKER RENNER**

KUNST IN BASEL …

… lässt sich in der Stadt das ganze Jahr über erleben. Diese Häuser sind definitiv einen Besuch wert:

Kunstmuseum Basel

Schon 1661 kaufte die Stadt Basel das private Amerbach-Kabinett und machte die Werke – darunter einige von Hans Holbein d. J. – öffentlich zugänglich. Heute umfasst die Sammlung über 300 000 Werke aus acht Jahrhunderten. Das Museum verteilt sich auf drei Gebäude: Im Hauptbau von 1936 sind die Alten Meister, das 19. Jahrhundert und die Klassische Moderne zu sehen, im Neubau Kunst ab 1950 und Sonderausstellungen. Wer aktuelle Positionen den Werken von Künstlern wie Arnold Böcklin, Edgar Degas und Paul Klee vorzieht, findet am St. Alban-Rheinweg 60 das Haus für die Gegenwartskunst.
St. Alban-Graben 16/20
kunstmuseumbasel.ch

Fondation Beyeler

Allein schon der flache Museumsbau von Renzo Piano lohnt den Besuch: Fensterfronten öffnen sich zum Park und zum Seerosenteich, ein Glasdach sorgt für lichtdurchflutete Räume und eine besondere Stimmung für besondere Kunst: Zur Sammlung von Hildy und Ernst Beyeler zählen Meisterwerke der Klassischen Moderne und der Gegenwartskunst. Namedropping gefällig? Henri Matisse, Pablo Picasso, Piet Mondrian, Mark Rothko, Louise Bourgeois, Anselm Kiefer, Neo Rauch – alle dabei, und noch viele mehr. Gerade plant der Schweizer Architekt Peter Zumthor einen Erweiterungsbau im Nachbarpark. Das Museum liegt etwas außerhalb in der Gemeinde Riehen, ist aber gut mit der Straßenbahn erreichbar. Tipp: Der »Rehberger-Weg« verbindet die Fondation Beyeler mit dem Vitra Design Museum in Weil am Rhein, einem der führenden Designmuseen in Europa. »24 Stops« hat der deutsche Künstler Tobias Rehberger sein Projekt genannt: Auf fünf Kilometern laden 24 Objekte zum Innehalten ein (24stops.info).
Baselstr. 101, fondationbeyeler.ch

Reich verziert: Bis heute wird im Anfang des 16. Jahrhunderts gebauten Rathaus getagt. Der Turm entstand um 1900. Gegen den Bau gab es Proteste, am Schluss aber stimmten die Basler dafür

Rastlos: Seit über 40 Jahren bewegen sich bei der Barfüsserkirche (hinten links) die wasserspuckenden Figuren des Tinguely-Brunnens

Sobald man die Kunsthalle passiert hat: großes Theater! Wohin man blickt, es spritzt und sprüht, Räder rattern und Schläuche wirbeln durch die Luft. Im Basler Fasnachtsbrunnen herrscht Betrieb wie auf einer Baustelle: Zehn Plastiken spucken rastlos Wasser, im hohen Bogen und in Fontänen. Am Rande des Beckens verschnaufen Passanten, baumeln Kinderfüße im Nass. Genau dort, wo sich einst die Bühne des alten Stadttheaters befand, im Zentrum der Rheinmetropole. Nachdem der letzte Vorhang für »Don Carlos« gefallen war, wurde das neobarocke Gebäude 1975 in die Luft gesprengt. Zwei Jahre später setzte der Künstler Jean Tinguely ihm mit seinem Brunnen ein Denkmal. Filigrane Figuren aus Eisen, die dem wuchtigen Theaterneubau spotten.

Tinguely ist einer der berühmtesten Söhne Basels, seine kinetische Kunst ein Sinnbild für das Leben. »Es bewegt sich alles, Stillstand gibt es nicht«, resümierte der Maler und Bildhauer, der die Bewegung zu seinem eigenen Antrieb machte. Für viele seiner zum Teil riesigen beweglichen Bilder und Installationen – seine Skulptur »Grosse Méta Maxi-Maxi Utopia« ist 17 Meter lang und fast acht Meter hoch – hat der Tessiner Architekt Mario Botta in den neunziger Jahren das Museum Tinguely entworfen. Seitdem surrt und scheppert es in dem geräumigen Bau im Osten der Stadt. Der Ort könnte nicht passender sein: direkt am Rhein, der ebenfalls nie stillsteht. Von der großen Fensterfront im Museum blickt man auf den Fluss und auf den Kieselstrand. Jüngst wurde dieser verbreitert, denn der Rhein ist für Basel nicht nur ein wichtiger Transportweg, sondern auch ein Freiluftpool – ins Wasser steigt man mit dem »Wickelfisch«, der typischen Basler Schwimmtasche, in der die Kleidung trocken verpackt bleibt. So viele Menschen hechten hier im Sommer mit einem Beutel in den Fluss, dass sich der Rhein in ein buntes Tupfenmeer verwandelt.

Rund drei Kilometer zieht sich die Schwimmstrecke bis fast zur Dreirosenbrücke. Dabei gilt: Immer schön rechts halten, auf der linken Seite des Flusses pflügen Frachtschiffe durch das Wasser. Und Obacht auch vor den Fähren, die den Weg kreuzen! Festgezurrt an Drahtseilen gleiten sie mit der Strömung als Antrieb über den Rhein. Rund 1,50 Euro kostet eine Überfahrt mit »Ueli«, »Wild Maa«, »Leu« oder »Vogel Gryff«, wie die vier Basler Fähren heißen. »Im Sommer gehe ich jeden Tag im Fluss baden, es ist herrlich

> **HOTEL-TIPP**
>
> **Silo Hostel** Wo einst Kakaobohnen und Getreide gelagert wurden, übernachten seit Frühling 2020 Gäste zu fairen Preisen. Die charakteristischen Kammern des ehemaligen Silos aus dem Jahr 1912 sind weitgehend erhalten geblieben, in manchen Zimmern bringen bullaugenartige Fenster Tageslicht ins Innere. Das Boutique-Hostel befindet sich im neu erschlossenen Viertel Erlenmatt.
> Signalstr. 37, silobasel.com

1 | Provisorisch: Bis die Brache am Klybeckquai bebaut wird, trifft man sich hier in Bars wie der »Landestelle« 2 | Expressiv: Das Treppenhaus im Neubau des Kunstmuseums Basel zitiert die Architektur des Hauptgebäudes von 1936

erfrischend«, erzählt Martin Reidiger. Mehr als 20 Jahre war der sonnengegerbte Basler mit Holzfällerhemd und blauer Schiffermütze Fährmann, hat kleine, große und befellte Passagiere über den Rhein geschippert. Kürzlich hat er die »Wild Maa«-Fähre seinen Nachfolgern überlassen. Doch dem Fluss bleibt er auch ohne Holzboot treu, denn ab 18 Grad Wassertemperatur ist er drin, spätestens. Da ist er längst nicht der Einzige: Sobald die Frühlingssonne das winterkalte Wasser etwas aufgewärmt hat, ist die Saison eröffnet. Vor oder nach dem Schwimmen trifft man sich dann am Ufer an den Buvetten, so heißen Basels Schönwetter-Kioske.

Sich rheinabwärts treiben zu lassen gleicht einer fließenden Meditation – im Wasser sind alle gleich. Unter die Einheimischen mischen sich Touristen, für die das Schwimmen im Rhein zugleich Sightseeing aus ungewohnter Perspektive ist. Hin und her drehen sich deren Köpfe im Wasser. Schau, dort, links auf dem Hügel das berühmte gotische Münster, hier das Grandhotel »Les Trois Rois«, in dem schon Picasso schlummerte, schräg gegenüber das »Hotel Krafft«, wo Hesse einst am »Steppenwolf« schrieb, und da weiter rechts, die Roche-Türme in Form von Himmelstreppen, die höchsten Häuser der Schweiz! Erbaut wurden sie vom Architekturbüro Herzog & de Meuron – wie so vieles in Basel. Letzten Sommer wurde ihr Erweiterungsbau des Stadtcasinos eröffnet, ein Konzerthaus mit einem Saal von 1876. Hinter einer gewohnt zurückhaltenden Fassade überraschten die Lokalmatadoren durch eine opulente Innengestaltung, bei der sich mit Brokat bezogene Wände in silbern glänzendem Schlagmetall spiegeln. Die Werkliste in ihrer Heimatstadt wird stetig länger: Kürzlich haben Herzog & de Meuron im Volkshaus ein Hotel entworfen.

Ein Architektur-Get-together sondergleichen befindet sich auf dem Novartis-Campus links des Rheins. Weltstars wie Frank Gehry, David Chipperfield oder Tadao Ando haben in der »Verbotenen Stadt«, wie das umzäunte Gelände hinter vorgehaltener Hand genannt wird, mit Superbauten aus Stahl und Beton ihre Signatur hinterlassen. Die chemische Industrie hat Basel reich gemacht – und zur »Weltstadt«, wenngleich auch nur »im Taschenformat«, glaubt man dem Slogan der Touristiker. Vor allem ist es aber die Kunst, deren Ruf wie ein Donnerhall um die Welt geht. Mit der Art Basel findet hier die wichtigste

[**HOTEL-TIPP**
Nomad Hotel Das besondere Designhotel wurde in einen Bau aus den fünfziger Jahren integriert und nimmt dessen Ästhetik auf. So betonen neue Aluminiumfenster das originale Betonrelief der Fassade. Im Hinterhof entstand ein Neubau aus Sichtbeton. Restaurant mit Weltküche und Bar. Brunngässlein 8, nomad.ch]

3| Protzig: Hinter dem Museum Tinguely wächst der zweite Turm des Pharmariesen Roche himmelwärts
4| Praktisch: Fast alle, die hier im Rhein schwimmen, haben den typischen Basler Badesack dabei

Kunsthalle Basel

Hinter einer neoklassizistischen Fassade befindet sich einer der aufregendsten Orte in der Schweiz für aktuelle Kunst. Bis zu zehn Ausstellungen finden pro Jahr statt, oft mit spannenden, im etablierten Kunstbetrieb noch wenig beachteten Namen oder zu aktuellen Themen – von Juni bis Oktober 2021 etwa die Gruppenausstellung »INFORMATION (Today)«, die die Auswirkungen des datenbasierten Kapitalismus thematisiert. Im selben Gebäude befindet sich das Schweizerische Architekturmuseum.
Steinenberg 7, kunsthallebasel.ch

Museum Tinguely

Als Teil der Pariser Avantgarde beschäftigte sich der Schweizer Jean Tinguely (1925-1991) intensiv mit Maschinen und brachte ab den fünfziger Jahren mit seinen kinetischen Skulpturen und Reliefs Bewegung in die Kunstwelt. Im von Mario Botta entworfenen Museum Tinguely sind Werke aus allen Schaffensphasen versammelt, von Zeichnungen und kleineren Skulpturen über seine verspielten »Wundermaschinen« bis zum düsteren »Mengele-Totentanz«, ein raumfüllender Werkzyklus von 1986 mit Überresten eines abgebrannten Bauernhofs. Wundern Sie sich nicht, wenn jemand an einem der riesigen mechanischen Gebilde herumschraubt: Das ist vermutlich Jean-Marc Gaillard, der die wartungsintensiven Werke seit gut 17 Jahren am Laufen hält.
Paul Sacher-Anlage 2, tinguely.ch

Werkraum Warteck pp

Das ehemalige Areal der Brauerei Warteck bietet heute vielen Menschen aus Kunst und Kultur Raum für ihre kreativen Ideen. Der Zusatz »pp« steht für »permanentes Provisorium« – das Team, das sich um die Ateliers und Kreativräume kümmert, sieht den Ort in ständiger Veränderung. Manchmal finden Kurse oder Ausstellungen statt, aber man kann auch einfach auf der Terrasse der »Kulturbeiz 113« einen Kaffee trinken und die fantastische Aussicht auf den Rhein und die Stadt genießen.
Burgweg 7-15, werkraumwarteckpp.ch

1 | Eine auffällige Treppe führt ins frühere Malzsilo der Warteck-Brauerei, das jetzt Raum für Kultur bietet **2** | Mit einer Ausstellung in der Kunsthalle reflektierte die Künstlerin Lydia Ourahmane ihren Aufenthalt in Algier – und versetzte dabei alles, was in ihrer dortigen Wohnung war, nach Basel

Kunstmesse des Jahres statt. 2020 digital, doch in normalen Jahren fliegt jeweils im Juni die internationale Hautevolee ein, um bei einem Cüpli – also einem Glas Champagner – auf Exponate anzustoßen, die gerade den Besitzer gewechselt haben. »Die gesamte Stadt befindet sich in dieser Woche in einer Euphorie, man könnte denken, man sei in einer Großstadt«, erzählt Stefan von Bartha, der in der Lobby des Volkshauses jetzt eine Außenstelle seiner Galerie betreibt, um Installationen und Skulpturen zu zeigen. »Die Tage sind nonstop mit tollen und außergewöhnlichen Momenten gespickt, die ganze Kunstwelt kommt auf relativ kleinem Raum zusammen.«

Mit der »Liste« fand bis vor der Corona-Pandemie zeitgleich im verwinkelten Werkraum Warteck, einer ehemaligen Brauerei, sogar noch eine alternative Kunstmesse statt. 2021 will sie aufs Messegelände zur Art Basel ziehen – durch die großen Hallen ist der Ausstellungsort deutlich krisensicherer. Alle hoffen, dass die Massen bald wieder kommen dürfen, dass es wieder eng wird in den Gassen der Altstadt und unter den Kastanien des Münsterplatzes. Normalerweise hat Basel rund 200 000 Einwohner – doch während der Messe schießt die Zahl der Menschen beachtlich in die Höhe: »Es gibt wohl keine andere Stadt auf der Welt, die ein Kunst-Event hat, welches die Population nahezu verdoppelt – das ist unglaublich«, sagt Elena Filipovic, Direktorin der Kunsthalle Basel. Sie ist die erste Frau an der Spitze dieses international beachteten Ausstellungsortes für Gegenwartskunst. Beschämend spät, genauso wie die Einführung des Wahlrechts für Frauen in der Schweiz – auch wenn der Kanton Basel-Stadt der erste in der deutschsprachigen Schweiz war, welcher der weiblichen Bevölkerung 1966 offiziell eine Stimme gab.

Vor sechs Jahren zog die gebürtige Kalifornierin ins Dreiländereck, mit einer Portion Respekt im Gepäck, wie sie zugibt. »Als urbane Frau, die in Los Angeles aufgewachsen ist, hatte ich ein wenig Angst, dass Basel etwas verschlafen sein könnte, ich Zerstreuung vermissen könnte.« Filipovics Bedenken lösten sich so schnell auf wie die Schaumkronen auf dem Rhein: »Es gibt diese Redewendung: ›Basel tickt anders‹ – und die stimmt«, erzählt die Kuratorin, die an der Princeton University in Kunstgeschichte promovierte. »Ohne ein Publikum, das hungrig nach Kunst ist, hätte die Kunsthalle sich nie so entwickeln können.«

> **HOTEL-TIPP**
>
> **Volkshaus Hotel** Das von Herzog & de Meuron gestaltete Hotel hat 45 Zimmer und befindet sich im immer schon vielfältig genutzten Volkshaus. Dessen Ursprünge gehen bis ins 14. Jahrhundert zurück. Heute befinden sich neben dem Hotel ein Biergarten, eine Brasserie, Konzertsäle und eine Bar im erhaltenen Gebäude von 1925.
> Rebgasse 12-14, volkshaus-basel.ch

Haus der elektronischen Künste

Viele Museen betraten durch die Corona-Lockdowns mit ihren Online-Angeboten Neuland. Im HeK hingegen ging es schon immer um die digitale Kultur und um die Schnittstelle zwischen Kunst, Medien und Technologien. Entsprechend lassen sich Teile der Sammlung direkt über die Website erleben, und neben Ausstellungen finden auch »Net Encounters« statt, bei denen das Publikum – etwa via E-Mail – mit den Kunstschaffenden direkt in Kontakt treten kann. Doch ein analoger Besuch ist ebenso spannend, auch weil sich das HeK in einem hippen, facettenreichen Gebiet im Südosten der Stadt befindet, direkt neben der Hochschule für Gestaltung und Kunst.
Münchenstein/Basel, Freilager-Platz 9
hek.ch

Artstübli

Basel will sich auch mit Street-Art profilieren. So wurde der Fußgänger- und Fahrradsteg der Schwarzwaldbrücke zur »Street-Art-Meile« ernannt. 30 Künstlerinnen und Künstler haben dafür Graffiti zum Thema Wasser angefertigt und so ein rund 350 Meter langes Wandbild erschaffen. Mit dem »Artstübli« gibt es in der Stadt außerdem ein vielseitiges Zentrum für Urban Art. Betreiber Philipp Brogli organisiert neben Ausstellungen auch Stadtrundgänge zu Kunst im öffentlichen Raum.
Steinentorberg 28, artstuebli.ch

Art Basel

Kein Museum, aber ein Magnet für die internationale Kunstszene mit Ablegern in Miami Beach und Hongkong. Die wichtigste Kunstmesse der Welt zieht – normalerweise – bis zu 200 000 Besucher in die Stadt. Bei Redaktionsschluss war geplant, dass die nächste Art Basel im September 2021 in der Messe Basel stattfindet, ebenso die alternative »Liste Art Fair Basel« (liste.ch). Aktuelle Infos dazu auf artbasel.com. Wer mehr Tipps zu Ausstellungen vor Ort sucht, findet auf basel.com weitere gute Museen, die sich etwa mit Architektur, Cartoons oder Pharmazie beschäftigen.

Die Bürger seien stolz auf ihre kulturellen Institutionen wie die Universität oder das Kunstmuseum, das die älteste öffentlich zugängliche Kunstsammlung der Welt besitzt.

Stolz dürfen sie auch auf die 1872 eröffnete Kunsthalle sein. Schon seit Beginn hat sie sich den jeweils aktuellen Strömungen ihrer Zeit verschrieben. Zum aktuellen Renommee trägt Elena Filipovic bei, indem sie Perspektiven von Künstlerinnen in den Fokus rückt oder Werke zeigt, welche die gängigen Vorstellungen von Schönheit herausfordern. Am Anfang war sie immer wieder erstaunt darüber, dass eine kleine Stadt wie Basel ein so wichtiges Zentrum für Kunst ist. »Denn sie hat große Museen zu bieten, die mit all ihren Stockwerken und Angestellten wie Kreuzfahrtdampfer sind, und Institutionen wie die Kunsthalle Basel, die schnell wie ein Speedboat manövrieren können.«

Diesem Schiffsverkehr kann man kaum ausweichen. Die Kunsthalle etwa befindet sich in bester Lage zwischen Bahnhof und Rhein. Und auch sonst ist es bei einem Spaziergang durch die Innenstadt fast unmöglich, nicht an einer Galerie oder einem der etwa drei Dutzend Museen vorbeizukommen. Dazu zählen Hochkaräter wie die Fondation Beyeler, die außerhalb des Zentrums, aber immer noch im Kanton Basel-Stadt liegt, aber auch kleine Perlen wie das Spielzeug- oder Cartoonmuseum. Einer der Höhepunkte ist das Kunstmuseum Basel mit seiner grandiosen Sammlung, die von Alten Meistern wie Hans Holbein d. J. über die Klassische Moderne bis zu Künstlern wie Donald Judd oder William Kentridge reicht. Vor fünf Jahren wurde das Haus für stolze 100 Millionen Schweizer Franken erweitert. Außen erregt

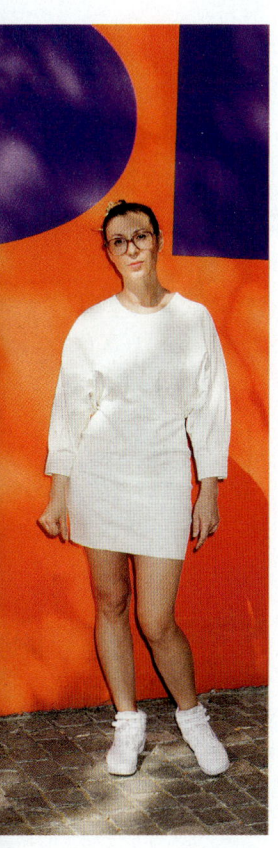

1 | In der Fondation Beyeler blühen Seerosen auf einem Gemälde von Monet – und draußen im Teich
2 | Die gebürtige Kalifornierin Elena Filipovic sorgt als Direktorin der Kunsthalle Basel immer wieder für spannende Ausstellungen

ein breites Band aus leuchtenden, in die Fassade eingelassenen LED-Streifen Aufmerksamkeit, innen herrscht eine schon fast sterile Atmosphäre, in der das Auge an nichts hängen bleibt als an der Kunst: glatt polierter Marmor im Treppenhaus, Stahl und Kratzputz an den Wänden. Allein die Hälfte der Baukosten stemmte die Laurenz-Stiftung der Mäzenin Maja Oeri, das Grundstück spendierte sie dazu. Das Mäzenatentum gehört in Basel zum guten Ton: So steuerte Christine Cerletti-Sarasin drei Millionen Franken für neue Stahlfedern bei, damit die Konzerte im Musiksaal des Stadtcasinos nicht mehr vom Rattern der Straßenbahnen gestört werden.

Doch auch abseits solch kapitalintensiver Projekte floriert die Basler Kunstszene. Zu ihr gehört auch Sandra Knecht, die sich durch Kochperformances mit Produkten aus der Region einen Namen gemacht hat. »Mich interessiert der Geschmack von Heimat, eine Kartografie des Essens«, sagt Knecht. So tischte sie anlässlich eines Brunchs zur Art Basel den Gästen etwa Gletschermilch-Shots auf. Derzeit hält die kochende Künstlerin und Landwirtin Pop-up-Events ab, bei denen sie 40 Frauen jeweils ein Gericht widmet. Patti Smith, die Mutter des Punks, wird zum Beispiel mit einem Sauerteig geehrt. »Der ist ja quasi auch eine Mutter«, sagt sie und grinst. So bald wie möglich möchte Knecht ein Zentrum für Food-Künstler in Basel eröffnen, auf dem Dreispitz, einem ehemaligen Waren- und Zollfreilager. Symposien sollen hier genauso stattfinden wie Kurzzeitresidenzen für kochende Künstler.

Für die Uhren- und Schmuckmesse Baselworld hingegen ist Schluss. Vorwürfe wegen überzogener Preise und wenig Flexibilität wurden laut, das Wort Kleingeistigkeit fiel, und die Aussteller sprangen ab. Für Alexander Palacios eine Entwicklung, die absehbar war. »Trotz des internationalen Flairs hat Basel auch eine biedere Seite«, findet der Fotokünstler, der vor 14 Jahren von Frankfurt nach Basel gezogen ist. In seinen Arbeiten untersucht der 38-Jährige, was Menschen auf der ganzen Welt prägt. »Während man in Zürich gerne experimentiert, halten die Basler tendenziell an Traditionen fest. Es gibt hier viel altes Geld, auch wenn die Leute es nicht zeigen.« Dennoch steht die Stadt nicht still, drängt sie vorwärts, wie etwa auf dem Klybeck-Areal, wo auf einer Industriebrache ein neues Quartier entstehen soll. Dort, wo der Rhein einen Knick macht und die Sonne abends besonders lange wärmt. Bis die Kräne kommen, nutzen Pop-up-Bars das Hafengebiet, um im Sommer Musik in die Nacht hinauszuschicken.

Einst wurden auf dem Gelände Farben produziert. Der Rhein und das weiche Wasser des Nebenflusses Wiese boten ideale Bedingungen für die Färberei, welche der chemischen Industrie den Boden bereitete. Wie Sandoz, dessen Chemiker Albert Hofmann 1943 in Basel die Droge LSD entdeckte. Keine Halluzination war hingegen der Tag, an dem der Rhein sich rot färbte. In der Nacht zum 1. November 1986 brannte eine Lagerhalle aus, mit dem Löschwasser flossen Chemikalien in den Rhein und vergifteten alles Leben. Tempi passati. Auch diesen Sommer werden wieder etliche Wasserratten in den Rhein hüpfen. Darunter auch Elena Filipovic aus Kalifornien – mit einem Wickelfisch aus ihrer Wahlheimat Basel. ∎

> **HOTEL-TIPP**
>
> **Art House Hotel** Zwar wurde der Neubau vom lokalen Architekturbüro Diener & Diener entworfen, die Inneneinrichtung aber ist eine Reminiszenz an Japan, mit viel Holz und klaren Formen. Von der Rooftop-Bar aus kann man das Treiben in der Innenstadt beobachten. Das Hotel kooperiert mit der Colab Gallery, die Urban Art an den Wänden fördert.
> Steinenvorstadt 42, arthousebasel.ch

Tina Bremer arbeitet als freie Journalistin in Zürich. Daher steigt sie zum Flussschwimmen lieber in die Limmat. Oft erfrischt sie sich aber auch im Zürichsee. Der bietet zwar keine Strömung, dafür einen schönen Weitblick.

Wie Herr Tulla den Strom zähmte

RHEINBEGRADIGUNG Mensch gegen Fluss. Das ist der Kampf des **Johann Gottfried Tulla.** Ab 1817 bringt er den Rhein auf Linie, baut ihm ein künstliches Bett, durchsticht seine Kurven. Ein Mammutprojekt – mit gravierenden Folgen

MERIAN WISSEN

Künstliche Ufer haben den Rhein wie hier nahe Schwanau zur Schnellstraße der Schifffahrt gemacht

JOHANN GOTTFRIED TULLA
(1770-1828), Ingenieur aus Karlsruhe, machte die Rheinbegradigung zu seinem Lebensprojekt

TEXT **FRANZ LENZE**

Allein diese Idee! Den Rhein bändigen. Dem Fluss ein neues Bett bauen, einen Wasserlauf wie mit dem Lineal gezogen, befreit von jeder Schlaufe, die sich in Tausenden von Jahren in die Erde gewaschen hat. Forschergeist über wilde Natur. Welch waghalsiger Gedanke! Doch Johann Gottfried Tulla, Ingenieur und Flussbaumeister, ist besessen davon. Blickt Tulla auf den Fluss, sieht er gigantische Überschwemmungen, die Türme, Häuser und Brücken fortreißen. Er sieht Fluten, die sich ins kollektive Gedächtnis gebrannt haben, 1341, 1480, 1784, Fluten, die Zehntausenden ihr Leben nahmen, Hungersnöte brachten, Armut und Elend. Einen Strom, der Jahr um Jahr ungezügelt über seine Ufer quillt und dabei seinen Verlauf ändert. Deshalb lautet Tullas Credo: »Kein Strom oder Fluss, also auch nicht der Rhein, hat mehr als ein Flussbett nötig.«

Der Rhein um 1800: Zwischen Basel und Karlsruhe schiebt sich der Fluss durch ein Labyrinth aus Gräben, Buchten, Seitenarmen, manche bis zu drei Kilometer breit. Wasserschlingen umspülen weit über 1500 Inseln. An manchen Stellen klaffen die Ufer des Stroms über 40 Kilometer auseinander. Die

Auen dieser lagunenartigen Landschaft gleichen einem Urwald. Die Leute fürchten seine »mal'aria«, die böse Luft, das Fieber, von dem sie glauben, dass es der Feuchte der Sümpfe entsteigt. »In kultivierten Ländern«, sagt Tulla, sollten »die Bäche, Flüsse und Ströme Kanäle sein und die Leitung der Gewässer in der Gewalt der Bewohner stehen.«

Johann Gottfried Tulla. Geboren in Karlsruhe am 20. März 1770. Begabt in Mathematik und Physik, Schüler am renommierten »Gymnasium illustre«, das die modernen Künste der Aufklärung lehrt: Elektrizität, Optik, Trigonometrie. 1789 ist Tulla bereits Geometer, ausgebildet in der »praktischen Feldmesskunst«. Badens Markgraf Karl Friedrich hält viel von dem jungen Ingenieur, der sich anschickt, die Rheinfluten zu zügeln. Großzügig finanziert er seine Lehr- und Wanderjahre.

Im April 1794 bricht Tulla zu einer Expedition auf, die ihn zu Europas Meistern des Wasserbaus führt. Nach Düsseldorf zu Carl Friedrich von Wiebeking, nach Hamburg zu Rainhard Woltmann. In Holland untersucht er die Wirkung von Windmühlen und Wasserrädern, wälzt die neueste Literatur heimischer Wasserbautechniker und studiert im sächsischen Freiburg Geologie. Er schreibt eine Abhandlung über die »Messung der Geschwindigkeit des

MERIAN WISSEN

Tulla will nur das Beste: Hochwasser vermeiden, das Fieber eindämmen, das aus der Sumpflandschaft kommt. Der Rhein soll dem Menschen nicht mehr gefährlich werden

Einschneidende Veränderung: Die rote Linie zeigt den Oberrhein nach Durchstichen etwa bei Pforz, Knielingen, Wörth und Neupotz. Zwischen 1817 und 1876 wird der natürliche, mäandernde Flusslauf beseitigt

fließenden Wassers«, entwirft sogar Pläne für ein Dampfschiff. 1801 reist er schließlich ins Zentrum der modernen Wissenschaft: nach Paris, an die neu gegründete École Polytechnique.

Hier schmiedet Tulla gemeinsam mit französischen Ingenieuren seinen ersten Plan zur »Rectification«, zur Berichtigung des Rheins. »Da, wo es tunlich«, schreibt er, solle sich der Fluss in »ein in gerader Linie fortziehendes Bett« schmiegen. Ein simpler, aber kühner Plan: Tulla will die Schlingen des Flusses durchstechen, damit der Strom zwischen Basel und Worms sein wildes Gebahren verliert. 374 Kilometer ohne weit ausholende Schlaufen und ungestüm mäandernde Wasserarme. Ein einziges Flussbett, ein von Menschenhand geformter Lauf, 200 bis 250 Meter breit, der Sieg rationaler Berechnungen über eine vernunftwidrige Natur. Die Begradigung des Flusses, das ist Tullas fester Glaube, werde Hochwasserkatastrophen für alle Zeiten verhindern.

1803, zurück in Karlsruhe, wird Tulla Oberingenieur im Rang eines Hauptmanns. Sein Jahresgehalt: 600 Gulden, zwei Malter Roggen, acht Malter Dinkel, rund 150 Liter Wein, dazu Hafer, Heu und Stroh fürs Pferd. Seine Aufgabe: die Überwachung des Flussbaus in Baden. Von 1806 an begradigt er die Wiese im Schwarzwald, einen Seitenarm des Rheins, leitet

MERIAN WISSEN

Die Arbeiten sind riskant. Am Ende ist der Rhein seiner Schlingen und Schlaufen beraubt. Und 81 Kilometer kürzer als zuvor

---

die Korrektion der Linth oberhalb des Zürichsees und drängt die Kinzig, einen schmalen Nebenfluss des Mains, zwischen Hasslach und Kehl mit Durchschnitten und Dämmen in ein unabänderliches Bett. Nur der Rhein, sein großer Widersacher, muss warten. Der blutige Sturm von Napoleons Truppen durch Europa verhindert die Arbeit.

Bis zum April 1817. Zwei Jahre zuvor – Napoleon fristet längst sein Dasein auf einer kleinen Insel im Südatlantik – hat der Wiener Kongress den befriedeten Kontinent neu geordnet. Die linke Rheinseite, bisher französisch, gehört nun Badens neuen Nachbarn: den Bayern. Entschlossen, dem Fluss seinen zerstörerischen Drang zu nehmen, unterzeichnen beide Fürstentümer einen Vertrag zur Regulierung des Oberrheins. Tullas Startschuss.

Nur zwei Monate später, Anfang Juni, beginnt er seine Arbeit – oberhalb von Karlsruhe, ein paar Kilometer rheinabwärts, in Knielingen. Wälder roden, Land vermessen, den Wasserabfluss berechnen. Doch die Knielinger stemmen sich ihm entgegen. Sie weigern sich, Bäume zu fällen, hindern die Ingenieure an ihren Messungen, verprügeln die Männer vom Nachbardorf, die auf der Baustelle arbeiten wollen.

Die Knielinger fürchten die neue Zeit. Sie haben Angst um ihre Fischgründe, Angst um den Boden, den sie opfern müssen. Wertvolles Ackerland, ihr Land. Wer, fragen sie, zahlt dafür einen Ausgleich? Doch Tulla, längst Oberstleutnant und Direktor für Wasser und Straßen, lässt sich nicht beirren. Am 6. Oktober 1817 rücken Soldaten an, zwei Kompanien der Leibgrenadiergarde. Rasch schlagen sie den Aufstand der Aufsässigen nieder. Ob es Tote, Verletzte gibt, ist nicht überliefert. Unter dem Schutz der Soldaten beginnt endlich Tullas Lebenstraum.

Tag für Tag schuften nun 3000 Arbeiter, heben mit Schaufeln, Hacken und Spaten einen Graben nach Vorgaben des Ingenieurs aus. Eine Furche, knapp 20 Meter breit, dort, wo sich der Fluss sein neues Bett nehmen soll. Links und rechts davon lässt Tulla Dämme anlegen, geschützt von Steinen und Faschinen, fest geschnürten Bündeln aus Reisig. Das Graben und Schippen dauert nicht einmal vier Monate. Am 20. Januar 1818 öffnen die Arbeiter, neugierig beobachtet von Tausenden Zuschauern, die Verschlüsse des Grabens. Der erste Durchstich! Der erste Schritt für die Korrektion des Rheins. Und Tullas Berechnungen stimmen: Die Wasserkraft des Flusses schwemmt die neue Vertiefung aus, die alte Schleife versandet nach und nach. Alles läuft nach Plan. Der Mensch bereitet das Bett vor, der Fluss macht die Arbeit.

Nach Knielingen wird der Rhein weiter bis Mannheim, ab 1840 zwischen Karlsruhe und Basel begradigt. Das gewaltige Vorhaben dauert rund 60 Jahre, erst 1876 ist die Rheinkorrektion beendet. Zum Schluss ist der Fluss, seiner Schlingen und Schlaufen beraubt, geschrumpft: Tullas Ingenieursdrang hat ihn um 81 Kilometer verkürzt.

Das Ende seines Lebenstraums erlebt der »Bändiger des wilden Rheins« nicht. Schon länger ist Tulla krank, muss wochenlang seine Arbeit ruhen lassen. Er fühlt sich schwach, plagt sich mit einem Blasenleiden. Deshalb bricht er, Ende Oktober 1827, noch einmal nach Paris auf, eine neue Behandlungsmethode soll ihm seine Qualen nehmen. Angeblich wird er 15 Mal operiert. Ohne Erfolg.

Am 27. März 1828 stirbt Johann Gottfried Tulla. Beigesetzt wird er auf dem Friedhof Montmartre im Pariser Norden. Sein Grab, das natürlich ein Relief des Rheins ziert, bezahlt Badens Kurfürst auf »ewige Zeiten als Würdigung seiner Meisterleistung«. Durch Tullas Wirken wandelt sich die alte, sumpfige Flusslandschaft in Ackerland, verschwinden mit den Brutstätten der Mücken auch Krankheiten wie die Malaria. Allerdings verschwinden mit den Auen auch viele Vogelarten und Laichplätze von Lachsen, Alsen und Stören. Und das Hochwasser ist auch nicht gänzlich verschwunden. Es hat sich nur verlagert, rheinabwärts, nach Koblenz, Bonn und Köln. Schon 1882 klettert hier der Pegel auf mehr als 10 Meter, wütet die schlimmste Flut seit 100 Jahren.

Tullas Zeitgenossen aber feiern den Ingenieur als Befreier von den Leiden des Flusses. Eggensteins Gemeindediener fasst das Glück sogar in Reime. 25 Zeilen, die Tulla, den »Menschenfreund« rühmen: »Lob und dank sey diesem Man, der durch seinen weißen Plan, den Er nun zu End gebracht, uns vom Rhein hat frey gemacht.«

Franz Lenze war fasziniert von Tullas Akribie: Für seine Rhein-Vermessung führte der Ingenieur extra das aus Frankreich stammende neue Längenmaß »Meter« in Baden ein.

Gute Nachbarschaft verbindet

Chemie gehört zu unserem Leben. Gemeinsam staunen.

Gemeinsam engagiert in der

Chemie macht unseren Alltag bunter und bequemer. In unserem Visitor Center zeigen wir Ihnen die faszinierende Welt der Chemie. Lassen Sie sich überraschen, wie sehr Ihr Alltag und unsere Arbeit zusammenhängen.

Erfahren Sie mehr darüber, wie Chemie unser Leben bereichert.

 www.basf.de/visitorcenter

BASF
We create chemistry

SERVICE NATUR ERLEBEN

Wo sich der Rhein noch winden darf

Zu Fuß, auf dem Fahrrad, im Schlauchboot oder auch im Kanu lässt sich der Strom von seiner natürlichen Seite erleben – besonders in den letzten Auengebieten an seinen Ufern

Wandern am Mittelrhein

Eine der schönsten Arten, das Mittelrheintal zu erleben, ist eine Wanderung auf dem Rheinsteig. Auf rund 320 Kilometern verlaufen die bestens markierten Wege auf der rechten Seite des Stroms von Wiesbaden über Koblenz bis nach Bonn. Auf meist schmalen Pfaden führen 21 Etappen durch Weinberge und Wälder und zu beeindruckenden Aussichtspunkten. Wer lieber linksrheinisch wandern möchte: Dort verbindet der Rhein-BurgenWeg auf 13 Etappen Bingen mit Rolandseck. Über die Websites lassen sich jeweils auch Wandertouren mit Gepäcktransport buchen.

rheinsteig.de; rheinburgenweg.com

Rast am Rheinsteig: Wanderer genießen hier spektakuläre Ausblicke ins Rheintal, etwa bei Erpel (links) oder Braubach (rechts)

Einmal alles bitte – die große Tour

Ein mächtiger Fluss wie der Rhein kann uns dazu bringen, größer zu denken. Wie wäre es mit einer Fahrradtour von den Schweizer Alpen bis an die Nordsee? Der Rheinradweg macht es möglich. Ausgeschildert als EuroVelo 15 (EV15) folgt er dem Lauf des Stroms von der Quelle bei Andermatt bis zur Mündung bei Hoek van Holland – und verbindet dabei Radwege in der Schweiz, Frankreich, Deutschland und den Niederlanden. Oft haben Radler sogar die Wahl zwischen linkem und rechtem Rheinufer. Highlight ist für viele – wie könnte es anders sein – das Mittelrheintal zwischen Bingen und Koblenz. Sehr praktisch für unterwegs sind die »Bikeline«-Radtourenbücher mit verlässlichen Karten, Routenbeschreibungen und Übernachtungs-Tipps (vier Teile, Esterbauer 2020).

de.eurovelo.com/ev15

Rasanter Wellenritt
Es muss nicht immer eine Flusskreuzfahrt sein: Der Rhein lässt sich auch auf einer Raftingtour bestens erkunden. »Rheinraft« etwa bietet Sightseeing-Trips durch Basel und aufregende Fahrten über die Stromschwellen bei Istein, »Mittelrhein Rafting« geführte Touren auf verschiedenen Abschnitten des Mittelrheins.
rheinraft.com
mittelrhein-rafting.de

Ruhiger Paddelspaß
Jeder darf sich in ein Kanu setzen und über den Rhein schippern. Durch den Verkehr und die Strömungen kann das aber mancherorts schnell gefährlich werden. Gut geeignete Reviere sind z. B. der südliche Oberrhein oder auch der Hochrhein zwischen Konstanz und Basel. Touren und Kanus organisieren zum Beispiel:
wildsport-tours.de (Oberrhein)
hochrhein-kanu.de (Hochrhein)

Durchs Dickicht: mit dem Stocherkahn durch die wilde Natur der Rheinauen bei Rust

Auf dem Kahn durch die grün-blaue Wildnis

Vögel zwitschern, Libellen schwirren, und langsam gleitet das flache Boot vorbei an dichtem Grün übers glitzernde Wasser. Nur rund einen Kilometer weiter sausen Achterbahnen durch die künstlichen Welten des Europa-Parks, im Naturschutzgebiet Taubergießen aber ist es wunderbar ruhig. Mit langen Stangenpaddeln navigieren hier geübte Fahrer aus drei Generationen im Stehen ihre Passagiere durch eines der letzten ursprünglichen Ufergebiete des Rheins. Die von Wasserarmen durchzogenen Wiesen und Wälder sind Rückzugsorte für zahlreiche Fische, Vögel und Amphibien und Nährboden für eine vielfältige Pflanzenwelt, zu der auch wilde Orchideen gehören. Taubergießen erstreckt sich über 17 Quadratkilometer und lässt sich – wie das vom Rhein umflossene französische Naturschutzgebiet Ile de Rhinau – nicht nur im Boot, sondern auch zu Fuß erleben. Über die Wege und Kahnfahrten informiert das Naturzentrum Rheinauen in Rust, das auch Ranger-Workshops für Kinder anbietet.

Auch anderswo zeigt sich der Rhein von seiner wilden Seite, etwa an der Kühkopf-Knoblochsaue (siehe S. 34), in den Rheinauen zwischen Mainz und Bingen (siehe S. 32) und im niederländischen Nationalpark De Biesbosch (siehe S. 28), einem großen Süßwasserdelta, in dem Biber und Seeadler leben.

Naturzentrum Rheinauen:
Rust, Allmendweg 5, Tel. 07822 864536
naturzentrum-rheinauen.eu

JUNG UND SCHÖN

Das sind sie, diese **Hotels am Rhein,** aber vor allem haben sie Charakter! Denn mit diesen drei Häusern haben starke Typen ihrer Vision von moderner Gastfreundlichkeit am Ufer eine Form gegeben

TEXT **JONAS MORGENTHALER** UND **KALLE HARBERG**

RHEINKILOMETER 425

Auf den Industriehafen oder über den Rhein bis nach Ludwigshafen schaut man aus vielen Zimmern des »Speicher 7«. Auf den Sofas der Bar (links) ist es dagegen schön schummrig, so wie es sich gehört

SPEICHER 7
FLOWER-POWER IM GETREIDESILO

Jürgen Tekath wusste sofort, dass er nicht Nein sagen würde. Immer wieder hatte sein Freund, der Architekt Andreas Schmucker, ihn gefragt, ob er nicht eines seiner Gebäude mit Leben füllen wolle, und immer wieder hatte der Florist, der in Mannheim nicht nur einen Blumenladen, sondern auch zwei Cafés und eine Boutique betreibt, sich gedacht: Was will der von mir? Aber als Tekath seinem Freund zur Vorstellung von dessen Plänen, mit seinem Architekturbüro in eines der oberen Stockwerke eines alten Silos am Rheinufer zu ziehen, Blumen vorbeibrachte, war ihm gleich klar, dass diese Location anders war. »Dieser Ort – direkt am Fluss, direkt am Hafen – hat etwas sehr Besonderes.«

So wurde er geboren, der »Speicher 7«, den Jürgen Tekath heute mit seinem Kompagnon Thorsten Kraft führt. Aber bis zur Eröffnung des Hotels war es noch ein langer Weg. Oder wie Tekath sagt: »ein Ritt auf der Rasierklinge«. Schmucker und seine Kollegen machten sich an die Arbeit, den in den fünfziger Jahren am Mannheimer Industriehafen errichteten Notgetreidespeicher, der 20 Jahre lang leer stand und nur das Zuhause von Füchsen und Tauben war, rücksichtsvoll zu renovieren. Drinnen blieben die rohen Beton-

MERIAN 71

Die Fotografie eines exotischen Getreidefeldes ziert eines der Zimmer »Riversight« und greift damit die alte Bestimmung des Speichers auf. Dessen Terrasse ist heute ein beliebter Treffpunkt für den Cocktail zum Sonnenuntergang

wände größtenteils unangetastet, draußen wurde der Speicher mit einer Cortenstahl-Hülle, die sich mittlerweile rot gefärbt hat, eingekleidet und dazu an der Wand zum Rhein mit einer Solarstromanlage versehen. Der Umbau passt perfekt in die Vision der Stadt, ehemalige Industrieareale am Wasser zu revitalisieren – so wie Großstädte in der ganzen Republik seit Jahren wieder an ihre Flüsse heranrücken und verlassenen Geländen durch Restaurants, Bars oder eben Hotels neuen Glanz verleihen. Im Falle Mannheims ging der Plan voll auf: Schon 2013, im Jahr nach seiner Eröffnung, wurde der »Speicher 7« mit dem European Hotel Design Award ausgezeichnet und setzte sich damit gegen Konkurrenten aus Amsterdam, Marseille und Wien durch.

Wohl verdient noch dazu. Die 20 Zimmer bestechen mit geradliniger Architektur, gut gesetzten Vintage-Möbeln und bisweilen grandiosen Hafenblicken. Aus den Schuhen kippt man vor allem bei den ersten Schritten hinein in die Silolounge, in deren gigantischen Sitzbereich neben einem Panoramafenster zum Rhein man sich alleine fast ein wenig verloren vorkommt und deren Regenwald-Dusche in einem zwölf Meter hohen Schacht ein heißer Anwärter auf den Titel der abgefahrensten Wasserbrause Deutschlands ist. Im Erdgeschoss befindet sich ein Yoga- und Meditationsraum, in dem so gut wie jeden Tag Workshops stattfinden, natürlich auch mit Blick auf den Rhein. Den weitaus größeren Teil des Stockwerks nimmt aber die Hotelbar ein, die mit ihrem liebevoll zusammengewürfelten Interieur, etwa den bunten Paddeln an der Wand oder den gemütlichen Ledersofas, einen gewissen Hippie-Charme verströmt, was ganz im Sinne von Blumenkind Jürgen Tekath sein dürfte. »Leben. Lieben. Lachen«, das Motto des »Speicher 7«, ist nicht nur ein Slogan, sondern Programm, wie jeder fühlt, der einmal in diesem Hotel war. Dazu muss man übrigens nicht unbedingt eine Zimmerreservierung haben: Am Wochenende verwandelt sich die Rheinterrasse der Bar, die nicht weit entfernt vom Hauptanleger der Flusskreuzfahrtschiffe liegt, zum beliebten Hangout, von dem aus man den Booten mit einem Cocktail in der Hand hinterherschaut.

Jürgen Tekath steht übrigens immer noch lieber in seinem kleinen Blumenladen am Wasserturm in der Mannheimer Innenstadt, als in einem Büro im »Speicher 7« zu sitzen. »Das Allerwichtigste ist, dass uns unsere Arbeit Spaß macht«, findet er. »Es gibt diese Menschen, die von Urlaub zu Urlaub leben. Das ist doch eine Katastrophe. Man muss doch lieben, was man macht.« Manchmal sieht Tekath natürlich schon im »Speicher 7« nach dem Rechten. Wenn er vorbeischaut, in kurzer Hose und Sandalen, wie er sie oft trägt, dann erkennt ihn manchmal keiner, weil er nicht wie ein gewöhnlicher Hotelmanager aussieht. Aber der »Speicher 7« ist ja auch kein gewöhnliches Hotel.

Mannheim, Rheinvorlandstr. 7, Tel. 0621 1226680
speicher7.com

PURS
MONDÄNES FLAIR AM MITTELRHEIN

A usgerechnet Minerva hat die Bauarbeiten in Andernach unterbrochen. Dabei sollte die römische Göttin eigentlich ihre schützende Hand über das »Purs« legen. Immerhin ist sie Patronin für Kunst und Handwerk, und beides spielt bei diesem Hotelprojekt eine große Rolle. Die Alte Kanzlei wurde dafür saniert und erweitert, ein Bau von 1677, in dem einst Ratsherren und Gerichtsschreiber ihrer Arbeit nachgingen.

Nun wurde Andernach allerdings vor über 2000 Jahren gegründet, und so findet man beim Graben im Keller eben auch mal Münzen, Reste eines Altars und eine antike Minerva-Statuette aus Bronze – und muss die Arbeiten unterbrechen. Am Schluss war die Göttin dann aber doch einsichtig: Die römischen Artefakte wurden geborgen und 2018 konnten Rolf und Petra Doetsch das Boutique-Hotel »Purs« eröffnen. Es ist das außergewöhnlichste der Projekte, mit denen das Investoren-Paar seine Heimatstadt neu belebt hat. Auch das Restaurant »Yoso« gehört dazu, außerdem eine Bar und ein weiteres Hotel. Aber vor allem das »Purs« rückte Andernach in den Fokus von Ästheten und Genießern aus ganz Europa, brachte wieder etwas mondänes Flair in das Städtchen am Mittelrhein – auf ganz zeitgemäße Weise und ohne jegliche Retro-Rhein-Romantik.

Dafür gesorgt hat auch der belgische Kunstsammler und Interior Designer Axel Vervoordt, der die Räume ausgestaltet hat. Stars wie

Positive Gefühle, Gelassenheit und Ruhe, darum gehe es im »Purs«, sagt Designer Axel Vervoordt. Er hat die Zimmer gestaltet, darunter die sakral anmutende Junior Suite – zu haben ab 370 Euro die Nacht

Zwei Neubauten ergänzen die historische Alte Kanzlei, in der sich auch der Gastraum des Gourmetrestaurants »Purs« befindet. Auf den Tisch kommen feine Kreationen wie Makrele mit Shiitake, Avocado, Melone und Miso

Sting, Robert De Niro und Kanye West haben schon seinem Talent vertraut. Im »Purs« ist das Design von einer feinen, eleganten Zurückhaltung geprägt: Erdige Farbtöne sorgen für eine ruhige Atmosphäre in den elf Zimmern und Suiten, die Vervoordt und sein Chefdesigner Erik van der Pas gestaltet haben. Mit ausgesuchten Antiquitäten und gebrauchtem Material aus vergangenen Zeiten setzen sie Akzente, bauen Brücken zwischen Geschichte und Gegenwart: mal durch eine alte Truhe oder einen Spiegel, mal durch einen Dielen- oder Schieferboden aus einem Abbruchhaus. Raum ist auch für Kunst, besonders für Werke der avantgardistischen Gruppen ZERO aus Düsseldorf und Gutai aus Japan.

Für das gleichnamige Gourmetrestaurant im Haus konnten Rolf und Petra Doetsch ebenfalls einen Meister seines Fachs gewinnen: Christian Eckhardt. Seine Kochkunst und die seiner Frau Sarah Henke, die ums Eck im »Yoso« ihren asiatisch geprägten Stil immer weiter verfeinert, haben Andernach zu einem Gourmetziel ersten Ranges gemacht. Eckhardt zeigt im »Purs« durch Gerichte wie Jakobsmuschel mit Mais, Curry und Macadamia, wie souverän er Aromen kombinieren kann. Nach der Eröffnung zitierte er mit einer süßen Schatzkiste, in der essbare Goldmünzen, Steine und Scherben liegen, auch die Ausgrabungen unter dem Haus, die zu den Bauverzögerungen geführt haben.

Keine Frage: Spätestens diese kunstvolle Gabe eines Genusshandwerkers hat Minerva garantiert gütig gestimmt.

Andernach, Steinweg 30–32, Tel. 02632 9586750, purs.com

Im Kamin knistert ein virtuelles Feuer, an der Rezeption hängen Gemälde und Fotos rund ums Wasser – in der gemütlichen Lobby des »Papa Rhein« fühlt man sich gleich wohl

PAPA RHEIN
VATERS VERJÜNGSKUR

Wenn Jan Bolland an das Mittelrheintal denkt, dann kommen ihm unkomplizierte Angebote für urbane, aktive und genussfreudige Menschen in den Sinn: ein Foodtruck am Rheinufer, in dem Jungwinzer ihre spannendsten Weine vorstellen, Stand-up-Paddle-Boards, die jeder ausleihen kann, ein Kicker, eine Kletterwand. Und er stellt sich ein Hotel vor, das zu diesen Großstadtmenschen passt: durchdacht und chic, aber locker und ohne diese gediegene Eleganz, vor der manche Gäste ehrfürchtig verstummen.

Mit dem »Papa Rhein« in Bingen hat Jan Bolland seine Ideen umgesetzt. Er ist kein naiver Träumer, er stammt aus einer in der Region verankerten Hoteliersfamilie: Sein Urgroßvater hat 1907 rund 25 Kilometer weiter in Bad Sobernheim ein Kurhaus gegründet, das heute als Wellnesshotel »BollAnts« Gäste empfängt. Mit dem »Papa Rhein« will der Urenkel nun zeigen, dass ein urbanes Hotel auch abseits der Metropolen funktionieren kann.

Gerade im Mittelrheintal wirkt das fast exotisch. Dessen Kulturlandschaft ist zweifellos einzigartig, doch manch ein Betrieb wirkt angestaubt, gewöhnt an einen gemächlichen Kaffee-und-Kuchen-Tagestourismus ohne allzu große Ansprüche. Das Hotel »Papa Rhein« jedenfalls ist anders. In bester Lage direkt am Hafen von Bingen entstand ein breiter Riegel mit 114 Zimmern und Suiten. 16 Millionen Euro sollen in dem Großprojekt stecken. Draußen fließt der Rhein, drinnen plätschert das warme Wasser im Pool des Spa-Bereichs, zu dem auch zwei Saunen und ein Dampfbad gehören.

ADVERTORIAL

MANNHEIM | REISSINSEL
Wasser, Wald und Wiesen

AUSFLUGSTIPP

Die Reißinsel ist ein Naturschutzgebiet im Südwesten Mannheims. Hier gibt es noch unberührte Natur zu entdecken – vom dschungelartigen Auwald bis zu weitläufigen Streuobstwiesen mit alten, knorrigen Obstbäumen

Wer hierher kommt, wird erst einmal überrascht sein: Die Reißinsel ist nämlich gar keine Insel! Weit zum Wasser hat man es aber trotzdem nicht, denn der Rhein begrenzt das Gebiet auf westlicher Seite. Auf östlicher Seite trennt der Rheinarm „Bellenkrappen" auf 1,7 km Länge die Reißinsel vom umliegenden Land. Der dschungelartige Auwald auf der Reißinsel ist einer der wichtigsten Vogelbrutplätze des Rheingrabens. Hier turteln und nisten etwa 60 Vogelarten. Neben dem naturbelassenen Wald lädt eine große Streuobstwiese zum Verweilen ein. Machen Sie doch mal eine Pause unter einem der knorrigen, alten Obstbäume. Hier wächst neben seltenen Apfelbaumsorten auch der vom Aussterben bedrohte „Wilde Wein", aus dem viele der heutigen Weinreben gezüchtet wurden.

Und wer es ein bisschen belebter mag, findet am südlichen Rand der Reißinsel einen Campingplatz mit Kiesstrand, auf dem man hervorragend picknicken, grillen, sonnenbaden und spielen kann!

www.visit-mannheim.de

Einen weiteren Pool finden Gäste auf der Dachterrasse, und was für einen: Wer will, bestellt dort einen Drink an der Bar und schaut vom Beckenrand aus auf die Rebberge am gegenüberliegenden Ufer. Ansonsten sorgt im Haus eine ordentliche Prise Shabby Chic mit Korbleuchten und Vintage-Möbeln dafür, dass sich auch weltgewandte Gäste wohlfühlen, die sonst in Metropolen wie Berlin oder London einchecken. Das Personal ist leger gekleidet, es wird geduzt, das passt: Es ist eben der »Papa Rhein« und nicht der ehrwürdige »Vater Rhein«, der das Image der Region auffrischen soll.

Dementsprechend groß war die Freude, als Nils Henkel als Küchenchef angekündigt wurde. Unter Gourmets ist er wohlbekannt: An seiner letzten Station auf Burg Schwarzenstein im Rheingau hat er mit raffinierten Menüs sowohl die Gäste als auch die Tester der einschlägigen Guides begeistert. Nachdem ihm dort mitten in der ersten Welle der Corona-Pandemie gekündigt wurde, fand er mit dem »Papa Rhein« einen neuen Heimathafen. Statt vielteilige Menüs schickt er aus der offenen Küche des Restaurants »Bootshaus« nun weltläufige, unkomplizierte Gerichte, zum Beispiel Kabeljau in einer knusprigen Kartoffelkruste mit Linsen oder 36 Stunden gegarten Schweinebauch mit Teriyaki-Jus, Ingwer-Spitzkohl und Kräutersaitlingen. Allerdings hatte das Küchenteam kaum Zeit, sich wirklich einzuspielen. Nach einem Soft-Opening im Sommer 2020 und der offiziellen Eröffnung am 25. September kam Anfang November der zweite Lockdown. Bald aber wird »Papa Rhein« wieder dafür sorgen, dass ein frischer Wind durchs Mittelrheintal weht.

Bingen am Rhein, Hafenstr. 47a, Tel. 06721 35010, paparheinhotel.de

An seinem Standort im Hafenpark von Bingen hat das »Papa Rhein« jede Menge Platz, genauso wie das Team von Spitzenkoch Nils Henkel im Restaurant »Bootshaus«

MERIAN abo

MERIAN empfehlen und Prämie wählen!

15% Preisvorteil!

Jetzt einsteigen und mit MERIAN reisen.

Empfehlen Sie 12 Ausgaben MERIAN zum Preis von 99 Euro frei Haus, und Sie erhalten einen Rucksack von ZWEI.

Ihre Prämie

Rucksack „Olli" von ZWEI
Der sportliche OR12 lässt sich als Rucksack oder, am abnehmbaren Schultergurt, als Tasche tragen. Das Innere ist mit mehreren Fächern ausgestattet. Maße: ca. 34 x 33 x 14 cm.

Jetzt bestellen:
merian.de/praemie

Bitte Bestell-Nr. 200 80 27 angeben. E-Mail: leserservice-jalag@dpv.de. Telefon: 040/21 03 13 71

Das Angebot gilt innerhalb Deutschlands und nur, solange der Vorrat reicht. Widerrufsgarantie und Hinweise zum Datenschutz siehe shop.jalag.de

MERIAN
Die Lust am Reisen

NEUSTART IN DEN REBEN

Ein Roadtrip am Rhein von Worms nach Bingen führt durch Deutschlands innovativstes Weinbaugebiet: In Rheinhessen zeigen Winzerinnen und Winzer in uralten Lagen, wie die Weine der Zukunft entstehen

TEXT **PATRICK BAUER**

Ideale Lage: Der Rote Hang bei Nierstein bringt weltberühmte Rieslinge hervor – und bietet einen zauberhaften Blick auf den Ort

WEINGUT WITTMANN
Das Weingut, das Philipp Wittmann und sein Vater in Westhofen führen, ist licht und modern gestaltet – und eines der besten in Deutschland

Rot erstrahlt der Buntsandstein der Liebfrauenkirche im Sonnenschein. Mitten in Worms steht dieser gotische Prachtbau und ist in allen Himmelsrichtungen von Reben umgeben. Sie gehören zum Großteil dem Weingut Liebfrauenstift direkt neben der Kirche. Davor steht Wilhelm Steifensand, ein älterer Herr in Tweed und Cord, dessen Familie wie keine andere mit dem Aufstieg und Niedergang des rheinhessischen Weins verbunden ist. »Es war mein Ur-Ur-Ur-Ur-Großvater, also viermal Ur, Peter Joseph Valckenberg, der die Weingärten in Worms 1808 bei einer Versteigerung gekauft hat«, sagt er. Dieser Herr Valckenberg traf eine Entscheidung, die bis heute das Image des deutschen Weins prägt: Er brachte die Liebfrauenmilch auf den Markt.

Heute ist sie als ein billiger, pappsüßer und völlig beliebiger Weißwein bekannt, einst ein Exportschlager deutscher Winzer. Peter Joseph Valckenberg aber etablierte sie zu Beginn als erfolgreiche Marke, die für exzellenten deutschen Wein stand. Er führte in Worms ein erfolgreiches Weinhandelshaus, und für die Liebfrauenmilch verwendete er Trauben aus den umliegenden Weingärten der Kirche, dem sogenannten Kirchenstück. Er brachte den Wein erfolgreich nach London und damit ins Commonwealth. Die britische Königsfamilie schätzte ihn genauso wie der Schriftsteller Charles Dickens, um 1900 galt er als einer den besten Europas. Doch auf den Ruhm folgten rheinhessische Trittbrettfahrer, die Liebfrauenmilch in Massen abfüllten, mit Trauben aus minderwertigen Lagen. Konflikte und Rechtsstreite um den Namen folgten, aber die Entwicklung ließ sich nicht stoppen. Spätestens nach dem Zweiten Weltkrieg wurde die Liebfrauenmilch zum Massenprodukt, abgefüllt in Großflaschen und Tetrapacks.

Als Vertreter seines Valckenberg-Weinhauses, erzählt Wilhelm Steifensand, habe er mehrmals versucht, den Namen zu retten, die Wormser Lage Liebfrauenstift-Kirchenstück wieder bekannt zu machen für guten Wein. Er nahm Kellermeister unter Vertrag, versuchte die Rebflächen an Topwinzer zu verkaufen – vergeblich. Am Schluss gab er auf. Er verpachtete die Rebflächen an einen Traubenwinzer, der an die Genossenschaft liefert, und verkaufte das alte Handelsgebäude mit Weinkeller.

Damit könnte die Geschichte zu Ende sein. Doch es gibt einen Neustart. Und das ist typisch für Rheinhessen. Denn die Region ist nicht nur Deutschlands größtes, sondern auch innovativstes Weinbaugebiet. Seit

WEINGUT AM DOM
Tim Brauer, Daniel Mattern und Martin Gerkhardt (v.l.n.r.) beleben in Worms ein Traditionshaus und eine historische Weinlage neu

WEINGUT GUNDERLOCH
Johannes Hasselbach (oben) ist der Ur-Ur-Ur-Enkel von Carl Gunderloch, der das Weingut in Nackenheim 1890 gegründet hat. Seine Reben stehen am Roten Hang, wo der Boden rötlich schimmert (oben rechts). Wenn Familie und Freunde feiern, dann am liebsten bei den Reben mit Blick runter zum Rhein

rund drei Jahrzehnten wollen es hier viele Winzerinnen und Winzer wieder besser und anders machen. Um einige davon kennenzulernen, machen wir einen Roadtrip von Worms bis nach Bingen, immer am Rhein entlang.

Worms ist ein idealer Startpunkt, weil hier gerade etwas Neues beginnt. Wilhelm Steifensands Valckenberg-Areal hat einen neuen Besitzer: Tim Brauer, Rechtsanwalt und ein »Wormser Bub«. »Mich hat die Entwicklung des Gebäudes für Worms gereizt«, sagt er über das Handelshaus, das sich mitten in der historischen Innenstadt am Dom befindet. Im Weinkeller sah er zunächst ein statisches Problem, dann eine Chance. Aus einem »Das wäre doch schad drum« wird die Rettung der Weingärten um die Liebfrauenkirche. Zusammen mit seinem Prokuristen Martin Gerkhardt und dem Winzer Daniel Mattern nehmen sich nun drei Männer der Sache an. Jetzt soll endgültig Schluss sein mit dem Thema Liebfrauenmilch. Daniel Mattern bewirtschaftet fortan die Flächen, die unter dem Namen Weingut am Dom ausgebaut und verkauft werden. Und der Hof auf dem Valckenberg-Gelände wurde umgebaut, jetzt gibt es hier unter anderem eine Kaffeerösterei, eine Vinothek und ein Restaurant. Einige Weißweine und ein Sekt sind bereits im Verkauf, zwei ambitionierte Lagenrieslinge kommen in den Folgejahren. Und wer Matterns Weine kennt, der weiß, dass man sich um die Zukunft des Wormser Weins keine Sorgen mehr machen muss.

Während in Worms damit gerade ein neues Kapitel beginnt, sind in Vororten wie Westhofen und Flörsheim-Dalsheim ein paar mutige Winzer längst zu Protagonisten des deutschen Weinwunders geworden. Als der rheinhessische Wein unter seinem Liebfrauen-Image litt und diese kleinen Orte eher für ihre Kartoffeln als für ihre Weinberge bekannt waren, wollten hier manche Winzer sich und der Welt etwas beweisen. »Wir wollten dem Riesling wieder zu alter Größe verhelfen«, sagt Philipp Wittmann, der wie Klaus Peter Keller zwei Dörfer weiter zu den Akteuren dieser Kartoffelacker-Revolution gehört.

Die Wurzeln dafür legte bereits sein Vater: Er stellte das Weingut Wittmann in Westhofen auf biologische Bewirtschaftung um und baute trockene Rieslinge aus – ganz im Gegensatz zu vielen Kollegen, die ihre Trauben an die Genossenschaft lieferten. Diese Winzer brauchten hohe Erträge, damit die Rechnung aufgeht. Wittmann aber wollte Qualität und verzichtete dafür auf Erträge. Als Sohn Philipp 2000 von den Studien- und Lehrjahren in der großen Weinwelt nach Westhofen zurückkehrte, ging er den Weg seines Vaters weiter. Heute gehört er zur Avantgarde des deutschen Weinbaus. Sein Riesling von der Lage Morstein zeigt, was deutscher Wein kann: Selbst nach 15 Jahren Flaschenreifung strahlen die Weine vor Frische und Eleganz. Aber auch die erschwinglichen Basisweine machen viel Spaß. Wittmanns neueste Passion sind Spätburgunder. Und es stellt sich schon fast die Frage: Was können rheinhessische Winzer wie er eigentlich nicht?

Wir fahren weiter. Die B 9 führt uns an Feldern, Weinbergen und Dörfern vorbei weiter nach Nierstein, einem der bekanntesten Weinorte in Rheinhessen. Rechts liegt der breite Rhein, links sitzen kleine Fachwerkhäuser, Weingut reiht sich an Weingut. »Riesling City« nennt sich die kleine Stadt selbst. Der Grund dafür hebt sich am Ortsausgang mächtig in die Höhe: der Rote Hang. Die einzige ernst zu nehmende Steillage im manchmal hügeligen, meist aber flachen Rheinhessen.

Über rund fünf Kilometer erstreckt sich der Hang, auf acht Lagen bauen Winzer darauf vor allem Riesling an. Deren Namen lesen sich wie eine »Hall of Fame« des deutschen Weinbaus: Gunderloch, Kühling-Gillot, Klaus Peter Keller, Schätzel, St. Antony, Wittmann – allesamt Top-Weingüter. Den Namen trägt der Hang seines Untergrundes wegen, rote Verwitterungsböden, manchmal liegen große Felsbrocken brach, andernorts sieht man kleine rote Schieferteilchen. An heißen Sommertagen bekommen die Weinberge am Rhein so viel Sonne, dass die Luft flimmert, nach Schauern riecht es nach Schiefer. Den Klimawandel merkt man an diesem heißen Abhang besonders: Im extremen Hitzejahr 2003 etwa konnten viele Winzer fast keine Weine abfüllen.

Seitdem haben sie viel gelernt. Wer heute durch die Weinberge fährt, sieht Blumen und Gräser, grüne Zeilen und Heu: Maßnahmen, um die Feuchtigkeit im Boden zu halten. Einer, der das Thema Nachhaltigkeit weiterdenken will, ist Johannes Hasselbach vom Weingut Gunderloch in Nackenheim. Es ist ein Frühlingstag, graue Wolken hängen über dem Berg. Der junge Winzer steht im steilen Berg neben jungen Reben, die er vor sechs Jahren gepflanzt hat. Er erprobt den »sanften Rebschnitt«, eine besondere Form des Schnitts, welche die Reben in ein besseres Gleichgewicht bringen soll. »Früher wurde hier alles auf Masse getrimmt«, sagt er. »Jetzt müssen wir dafür arbeiten, dass die Reben auch in stressigen Phasen entspannt bleiben.« Reihe für Reihe läuft Hasselbach die Reben ab und schneidet sie behutsam.

EVA VOLLMER
Selbst ist die Frau: Innerhalb von 14 Jahren hat Eva Vollmer aus dem Landwirtschaftsbetrieb ihres Vaters eines der spannendsten Weingüter in Mainz gemacht. Ein Highlight sind die Events im großen »Genussgarten«

Während die Füße immerzu nach Halt suchen, analysiert er jeden Stock: Welche Augen bleiben stehen, wo setzt er den Schnitt an? Die Knospen der Rebe schwellen bereits an und zeigen einen ersten Flaum. »Eigentlich ist das noch viel zu früh«, sagt er. Aber die warmen Tage der letzten Wochen haben den Weinberg aufgeweckt. Damit steigt die Angst vor Spätfrösten. Denn auch in Deutschland nehmen extreme Wetterereignisse wie Hitzewellen und Hagel zu. Hasselbach beschäftigt sich viel mit dem Thema, liest gerade Al Gore, schaut Vorträge über Nachhaltigkeit und will als Vorsitzender des Regionalverbands Rheinhessen weitere Impulse in den Verband Deutscher Prädikatsweingüter (VDP) geben.

Am Ende der Lage Rothenberg, etwas versteckt zwischen Büschen, einer Kapelle und privaten Gärten, liegt die wohl spannendste Parzelle des Roten Hangs. Sie gehört dem Ehepaar Carolin und Hans Oliver Spanier, das die beiden rheinhessischen Weingüter Kühling-Gillot und Battenfeld-Spanier in weniger als 20 Jahren an die Spitze Deutschlands geführt hat. Als sie anfangs nach Lagen am Roten Hang suchten, wurde ihnen diese Parzelle als Beifang angeboten. »Das war ein älteres Schwesternpaar«, erzählt Carolin Spanier. »Die beiden meinten, die Reben brächten kaum noch Ertrag und müssten unbedingt neu bepflanzt werden.«

Doch Carolin und Hans Oliver Spanier wurden hellhörig. Denn in Europa gibt es fast keine sehr alten wurzelechten Reben mehr. Seit Mitte des 19. Jahrhunderts die Reblaus aus Amerika eingeschleppt wurde und fast alle Weinberge in Europa zerstörte, werden die Reben auf amerikanische Wurzeln gepfropft, die immun gegen diese Schädlinge sind. Als die Spaniers den kleinen Weinberg erkundeten, trauten sie ihren Augen kaum: Die Stöcke waren uralt, ein Gemarkungsstein zeigte das Jahr 1934. Sie hatten einen Schatz gefunden.

Heute gehört der Riesling aus dieser Parzelle zu den gefragtesten in Deutschland, eine Flasche kostet 180 Euro, nur langjährige Kunden bekommen überhaupt eine Zuteilung. Carolin Spanier schwärmt von der Lage: »Es ist immer wieder ein besonderes Gefühl, auf 300 Millionen Jahre alten Böden zwischen uralten Reben zu stehen und zu wissen, dass einige der besten Weine der Welt hier ihren Platz haben.«

Eine ganz andere Einstellung zum Roten Hang hat Eva Vollmer, die man ein paar Kilometer weiter nördlich in Mainz trifft, oder genauer in Mainz-Ebersheim. Auch sie steht wie Johannes Hasselbach mitten in einem Weinberg und schneidet Reben, allerdings ungewöhnliche: Es ist die Sorte Souvignier Gris, eine pilzwiderstandsfähige Rebsorte. Wenn man Eva Vollmer fragt, warum sie eine solche »PiWi«-Sorte anbaut, sagt sie: »Ganz einfach: Die Rieslinge am Roten Hang stehen auf der Abschussliste des Klimawandels.« Weinbau war für Eva Vollmer schon immer mehr als ein Job. Sie konnte gar nicht anders, als auch immer ein Statement zu setzen. Schon als sie 2007 aus dem Landwirtschaftsbetrieb ihres Vaters ein Weingut machte und nach sich selbst benannte, musste sie sich mit vielen Ressentiments rumschlagen. »Der volle Name einer Frau auf den Etiketten, das war in Rheinhessen ein Novum«, sagt sie.

Am Anfang prophezeite ihr Großvater noch den Bankrott, doch sie setzte ihren Weg fort. Mittlerweile läuft ihr Betrieb gut und ist das bekannteste Weingut auf Mainzer Stadtgebiet. Und das soll was heißen in dieser Stadt, in der Wein zum Lebensgefühl gehört, Studenten sich abends in Weinbars treffen, Volksfeste immer auch Weinfeste sind, und man nicht wandern, sondern weinwandern geht.

Für Eva Vollmer reicht der gute Ruf aber nicht. Sie hat sich entschlossen, nur noch »PiWi«-Sorten zu pflanzen. Das ist mutig, weil Weinkenner über diese in der Regel noch die Nase rümpfen. Eva Vollmer ist das egal. Sie nennt diese Weine »Zukunftsweine«. Die PiWi-Sorten sind weniger anfällig für Krankheiten, brauchen deutlich weniger Pflanzenschutzmittel. »Ich kämpfe seit dem ersten Atemzug in meinem Betrieb um Nachhaltigkeit«, sagt sie. Die neuen Sorten zu pflanzen, sei der logische nächste Schritt. Der erste Jahrgang ihres Souvignier Gris ist mittlerweile abgefüllt. Er ist fruchtig und frisch, schmeckt nach Pfirsich, Ananas und Aprikose, heißt: Eva Vollmers erster Zukunftswein ist ein echter Charmeur fürs Picknick.

Am Ziel unseres Roadtrips klackert, klimpert, brummt und pfeift es: Auf dem biodynamisch geführten Weingut Riffel in Bingen dröhnt gerade der Sound der Füll- und Etikettiermaschine über das Gelände. Die Weine, die im Sekundentakt in die Flasche laufen, sind das

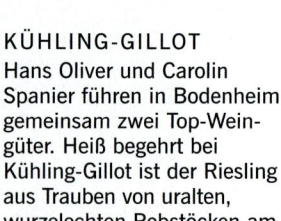

KÜHLING-GILLOT
Hans Oliver und Carolin Spanier führen in Bodenheim gemeinsam zwei Top-Weingüter. Heiß begehrt bei Kühling-Gillot ist der Riesling aus Trauben von uralten, wurzelechten Rebstöcken am Roten Hang

WEINGUT RIFFEL
In Bingen am Rhein setzen Carolin und Erik Riffel auf ein breites Angebot – und auf den Quarzitboden der traditionsreichen Lage Scharlachberg

Jahreswerk von Erik und Carolin Riffel. Die besten kommen aus dem Scharlachberg, eine fast vergessene große Lage, die erst das Ehepaar Riffel wieder bekannt gemacht hat. Schon im 13. Jahrhundert wurde sie erwähnt, als das Kloster Eberbach im Rheingau sie durch einen Tauschhandel erwarb. Wer im Scharlachberg heute mit den Händen ein wenig wühlt, findet kleine Quarzitsteine, stark verfestigter Sandstein. Der besondere Boden bietet den Reben wenig Nährstoff, daher müssen sie tief wurzeln. So können komplexe Weine entstehen.

Die Rieslinge von Erik und Carolin Riffel zeigen, was in dieser Lage möglich ist: Sie sind voller Spannung, schmecken kräutrig und nach Feuerstein. Die beiden haben überhaupt einen Hang zu außergewöhnlichen Weinen und Wegen. Sie produzieren vegan, haben einen Naturwein im Sortiment und einen alkoholfreien Riesling. »Wir sind stolz darauf, dass wir wirklich jedem hier etwas anbieten können«, sagt Carolin Riffel. Die Krone des Weinguts aber ist der Katharinenzins, ein Filetstück im Scharlachberg, welches das Weingut Riffel durch glückliche Umstände kaufen konnte. 1904 gab es auf einer Weinausstellung in den USA eine Auslese aus dieser Lage, heute macht Erik Riffel daraus eine fantastische Kollektion von restsüßen Spezialitäten, die auf der Zunge tanzen. Typisch Rheinhessen also: voller Geschichte, aber mit dem Blick nach vorne.

FEINSCHMECKER-Redakteur Patrick Bauer ist begeisterter Riesling-Fan, seit er einen 2018er aus der berühmten Lage Hipping am Roten Hang probiert hat.

DIE BESTEN STATIONEN AUF DER WEINREISE DURCH RHEINHESSEN

Der Roadtrip führt von Worms über Mainz bis nach Bingen – immer am Rhein entlang. Die Strecke ist rund 80 Kilometer lang und lässt sich auch gut mit der Bahn bereisen. Alle genannten Güter sind prinzipiell für Besucher geöffnet. Manche haben eingeschränkte Öffnungszeiten – am besten vorher kurz anrufen.

Weingut am Dom Worms Weckerlingplatz 1, Tel. 06241 2027438, weingut-am-dom.de

Weingut Wittmann Westhofen bei Worms, Mainzer Str. 19 Tel. 06244 905036 weingutwittmann.de

Weingut Gunderloch Nackenheim Carl-Gunderloch-Platz 1 Tel. 06135 2341, gunderloch.de

Weingut Kühling-Gillot Bodenheim Oelmühlstr. 25, Tel. 06135 2333 kuehlingandbattenfeld.com

Weingut Eva Vollmer Mainz-Ebersheim, Nieder-Olmer-Str. 65 Tel. 06136 46472 evavollmer-wein.de

Weingut Riffel Bingen am Rhein Mühlweg 14A Tel. 06721 994690 weingut-riffel.de

Wer Rotwein schätzt, sollte unterwegs auch in **Ingelheim am Rhein** halten. Hier kann man viel über den deutschen Spätburgunder erfahren. Lange schaute man für Weine aus dieser Rebsorte nach Frankreich, doch deutsche Winzer haben beachtlich aufgeholt – auch in Ingelheim, wo die Rebsorte eine lange Tradition hat. Karl der Große soll sie eingeführt haben, jedenfalls wachsen hier seit dem Mittelalter Spätburgunder. Im 19. Jahrhundert waren Ingelheimer Rotweine weltweit begehrt. Dann aber verfiel der Ort in eine Lethargie, von der er nun vor allem von jungen Winzertalenten wieder befreit wird. Allen voran die Winzerin Simone Adams, gefolgt von den Weingütern J. Neus und Saalwächter.

Weingut Simone Adams
Als ihr Vater starb, musste Simone Adams 2010 das elterliche Weingut überraschend übernehmen. Fortan stand sie tagsüber im Weinberg, während sie abends an ihrer Doktorarbeit über die Alterung von Weißwein schrieb. Das Weingut hat darunter nicht gelitten – im Gegenteil: Simone Adams gehört inzwischen zur Spitze Ingelheims. Sie hat auf biologischen Weinbau umgestellt, und ihre erstklassige Bandbreite reicht von frischen Basisweinen (toller Rosé!) bis zu finessenreichen Burgundern, die fein, schlank und doch charaktervoll sind.
Ingelheim am Rhein, Altegasse 28 Tel. 06132 790800 adamswein.de

Weingut J. Neus
Das traditionsreiche Weingut zählt zu den berühmtesten in Deutschland. Doch nachdem 1968 Neus Junior starb, führten unglückliche Generationenwechsel in der Führung des Guts fast zum Aus. 2012 kaufte der Mainzer Christian Schmitz das Weingut und lässt nun ein junges und engagiertes Team ans Ruder. Die alte Villa mit Garten, der historische Keller, die hochmoderne Vinothek und auch die Weine sind einen Besuch wert.
Ingelheim am Rhein Bahnhofstr. 96, Tel. 06132 73003, weingut-neus.de

Weingut Saalwächter
Das Weingut wurde 1853 von Paul Christian Saalwächter, dem damaligen Bürgermeister von Ingelheim, gegründet. Seit 2017 führt der junge Carsten Saalwächter das Gut gemeinsam mit seinem Vater. Gelernt hat Carsten Saalwächter in Deutschland und Frankreich bei erstklassigen Winzern und bringt nun den Betrieb mit einer Vielfalt von Ideen in großen Schritten voran.
Ingelheim am Rhein, Binger Str. 18, Tel. 0172 6438353 saalwaechter.de

Kleve: Sein erstes Atelier hatte Joseph Beuys im Kurhaus von Kleve.

Bedburg-Hau: Das Wasserschloss Moyland in Bedburg-Hau steckt voller Beuys-Arbeiten.

Duisburg: Die Plastiken Wilhelm Lehmbrucks beeinflussten Beuys stark – zu sehen im gleichnamigen Museum und Skulpturenpark.

Beuys & Bike

Joseph Beuys zum 100. Geburtstag: Eine neue Radroute folgt dem Leben des Künstlers von Kleve, dem Ort seiner Kindheit und des ersten Ateliers, über die Düsseldorfer Kunstakademie zu bedeutenden Beuys-Werken, Museen und Galerien, die ihn bekannt gemacht haben. Dabei lassen sich die wichtigen Stationen seines Lebens und Arbeitens aktiv per Rad erfahren. „Beuys & Bike", das sind 300 Kilometer zwischen Kleve und Leverkusen, die – auch gerne in Einzeletappen – Kunst und Kultur zum Erlebnis werden lassen.

ADVERTORIAL

Krefeld: Im Kaiser Wilhelm Museum seiner Geburtsstadt stellte Beuys zum ersten Mal einige Arbeiten aus.

Düsseldorf: In seiner Wahlheimat nutzte Beuys das Fahrrad um von seinem Wohnatelier am Drakeplatz in Oberkassel über den Rhein zur Kunstakademie zu fahren.

Leverkusen: Im Museum Morsbroich wurde Beuys' Fett-Badewanne gereinigt und zum Spülen missbraucht. Heute wird Beuys im Schloss längst wieder ausgestellt, in der großen Sammlung für moderne und zeitgenössische Kunst.

Die flache Landschaft, der weite Himmel, der breite Strom des Rheins – für Fahrradtouren ist der Niederrhein perfekt geeignet. Schon als Kind war Joseph Beuys hier rund um Kleve, wo er aufwuchs, regelmäßig auf dem Fahrrad unterwegs. Dem Zweirad blieb der umweltbewegte Beuys auch zeitlebens treu.

Wer den Künstler und den Menschen Beuys näher kennenlernen möchte, kann jetzt auf einer insgesamt 300 Kilometer langen Fahrradtour den Spuren von Joseph Beuys folgen. „Beuys & Bike" nennt sich die Route, mit der Nordrhein-Westfalen den 100. Geburtstag begeht.

Die Tour beginnt in Kleve, wo Beuys zur Schule ging und angeblich mit dem Rad vom obersten Stockwerk des heutigen Freiherr-vom-Stein-Gymnasiums über die Treppen bis in den Keller gerattert ist. In Kleve hatte er 1957 auch sein erstes Atelier im damals runtergekommenen Kurhaus.

Über das Wasserschloss Moyland in Bedburg-Hau mit der größten Sammlung an Beuys-Werken und Duisburg führt die Route weiter in seinen Geburtsort Krefeld. Hier, im Kaiser Wilhelm Museum, stellte Joseph Beuys mit 27 zum ersten Mal einige seiner Arbeiten aus.

Weiter geht's nach Mönchengladbach, wo man es schon 1967 wagte, Beuys eine erste museale Ausstellung zu widmen. Diese Schau und nachfolgende Aktionen trafen auf ein interessiertes Publikum und beeinflussten die Kunstszene nachhaltig. In Düsseldorf-Oberkassel war das legendäre Wohnatelier am Drakeplatz 4 ein wichtiger Ort für Beuys. Mit dem Fahrrad fuhr Beuys von dort regelmäßig über die Rheinbrücke zur Kunstakademie und in die Altstadt, um dort mit seinen Studenten zu diskutieren, zu arbeiten und zu feiern.

Und schließlich das Museum Morsbroich in Leverkusen, in dem einst ein Beuys-Werk, eine alte Badewanne voll Mullbinden, Pflastern und Fett, bei einer Feier irrtümlich gereinigt und zum Spülen der Gläser zweckentfremdet wurde.

www.dein-nrw.de/beuys

Gefördert durch: Ministerium für Kultur und Wissenschaft des Landes Nordrhein-Westfalen

MERIAN WIE DIE ZEIT VERGEHT

1913 Vor dem Ablegen posieren die Männer der Frachtflößerei Wagner im Hafen von Schierstein, heute ein Stadtteil von Wiesbaden, noch für ein Foto: 20 gestandene Flößer und ein Knabe, der »Floßjunge« (Mitte), stellen sich an der Seite des Floßes auf. Es sind fast genug Männer für ein Fußballspiel, mehr als genug Platz dafür hätten sie auf ihrem Gefährt in jedem Fall: 67 Meter breit und 220 Meter lang – mehr als doppelt so viel wie ein heutiges Fußballfeld – ist das Floß, das den Dampfer am gegenüberliegenden Ufer winzig erscheinen lässt. Das Baumaterial ist gleichzeitig das Transportgut: Insgesamt 6570 Stämme sind in dem Floß verarbeitet, rund ein Zehntel davon wird in Düsseldorf und Duisburg abgeladen, der Großteil fährt weiter nach Rotterdam und Amsterdam. Letztere Stadt ist seit jeher eines der wichtigsten Ziele der Flößer, die seit fast tausend Jahren Holz über den Rhein transportieren. Denn in Holland werden die Stämme zu großen Schiffen verarbeitet oder aber als Pfähle eingesetzt, um die Häuser über den Grachten zu halten. Am Schiersteiner Hafen werden die kleineren Flöße, die den Rhein über den Main oder den Neckar erreichen, erst einmal zusammengebunden und erreichen ihre unwirklichen Dimensionen. Die verlangen den Flößern viel Können ab, etwa beim »Binger Loch« weiter stromabwärts: Es ist gerade mal 30 Meter breit, nur bei hohem Wasserstand kann auch der felsige Uferbereich überfahren werden.

RHEINKILOMETER 506

Frachter aus gutem Holz

Jahrhundertelang brachten Flöße Baumstämme über den Rhein bis nach Holland. Der Heimathafen der größten von ihnen war **Schierstein** bei Wiesbaden

2020 Statt riesiger Flöße legen heute kleine Jachten und Motorboote am Schiersteiner Hafen ab, den die Wiesbadener liebevoll »Schiersteiner Riviera« nennen. Sogar Segler und Windsurfer flitzen im Sommer durch das Hafenbecken, über dessen Einfahrt sich seit 1967 die Dyckerhoff-Brücke spannt, von der dieses Foto aufgenommen wurde. Nach dem Zweiten Weltkrieg verlor der Hafen für die Industrie zunehmend an Bedeutung, wie auch die Flößerei: Das letzte gewerbliche Floß fuhr 1968 über den Rhein. Einer der letzten Floßführer war übrigens Eduard Breitbach – jener Knabe, der schon 1913 nach Amsterdam fuhr, Seite an Seite mit seinem Vater, der damals für das Floß zuständig war.

MERIAN 87

EIN LANDSCHAFTS-IDEAL
ist das Mittelrheintal für viele auch heute noch. Vom Patersberg, ein Stück oberhalb des Rheinsteigs gelegen, schaut man auf die Burg Katz (links) und den Loreley-Felsen am Ende der Landzunge

RHEINKILOMETER 530-592

DIE SICHT EINES ROMANTIKERS

Der Brite **William Turner** schenkte der Welt einen neuen Blick auf den Rhein. Das Tal zwischen Bingen und Koblenz inspirierte ihn zu Meisterwerken, die heute in den besten Museen der Welt hängen. Dank der neuen William-Turner-Route kann man sie jetzt auch genau dort bewundern, wo der Künstler sie einst skizziert hat

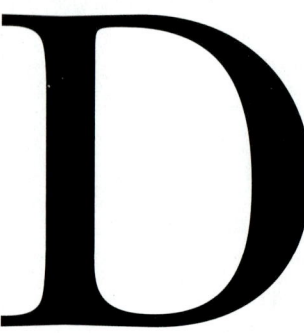

DER REIZ DER RUINEN
hat Jahrhunderte überdauert.
Das Städtchen Bacharach hält
Turner in mehreren Aquarellen fest.
Die Relikte der Wernerkapelle
prägen den Ort bis heute

TEXT **SAMUEL RIETH**

Das Missgeschick passiert irgendwo zwischen London und Mainz. William Turner, dem vielleicht größten Maler seiner Zeit, widerfährt der Albtraum eines jeden Reisenden: Er verliert sein Gepäck. Drei Hemden, ein Nachthemd, Strümpfe, ein Wams, ein Rasiermesser, ein halbes Dutzend Halstücher, ein Reiseführer – alles verschwunden. Auch der Farbkasten ist fort.

»Stets verliert er mehr als die Hälfte seines Gepäcks, bei jeder Reise, die er unternimmt«, wird eine Freundin später über ihn schreiben. »Er ist der unachtsamste Mensch, den ich kenne.« Den Verlust des Beutels mit den Habseligkeiten notiert Turner zwar, nicht aber, wo und weshalb er ihm abhanden kommt. Das große Glück: Seine in Leder gebundenen Skizzenbücher verliert er nicht. Und obwohl Turner nur einige Tage im Mittelrheintal verbringt, im Sommer 1817, wird diese kurze Reise etliche meisterhafte Gemälde hervorbringen.

Er ist nicht der einzige Künstler, auf den der Fluss zur Zeit der Romantik einen magischen Sog ausübt. Während die Aufklärung die Vernunft zum Maß aller Dinge erklärt hat, überhöhen die Poeten und Maler dieser Epoche das Gefühl. Sie verherrlichen die Natur, das Mystische, schwärmen von tiefer Sehnsucht und glühendem Morgenrot, von Landschaften, die rau und wild und urtümlich sind. Von einer Welt, ganz anders als die der Industriellen Revolution, die in Turners Heimat England bereits die Dampfmaschinen zischen lässt. Burgruinen deklariert der Dichter Friedrich Schlegel zu »Denkmalen der menschlichen Heldenzeit«.

Welcher Ort könnte die Romantiker da mehr in seinen Bann schlagen als der von schroffen Felsen und mittelalterlichen Festungen gesäumte Rhein? Zunächst sind es vor allem deutsche

DAS BESONDERE GESPÜR FÜR LICHT

macht Turners Bilder einzigartig. Sein Blick ist präzise, gleichzeitig collagiert und überhöht er seine Motive. »Burg Rheinfels« (oben), hier von St. Goar aus gesehen, malt er immer wieder. Das Aquarell unten zeigt die umgekehrte Sicht. Beim »Blick von Burg Rheinfels über St. Goar« hat Turner links Burg Katz gemalt

DIE RITTERBURG AUF DEM FELS
war für die Romantiker des 19. Jahrhunderts ein Sehnsuchtsort.
Burg Rheinstein gegenüber von Assmannshausen erfüllte ihr
Verlangen nach idealisierter Ritterwelt. Mehr als 100 Jahre war
die Burg schon zur Ruine verfallen, als Prinz Friedrich Wilhelm
Ludwig von Preußen 1823 den Wiederaufbau befahl

UFER VOLLER GESCHICHTEN

säumen den Fluss. So sanft die Badestellen bei Trechtingshausen wirken (oben), so dramatisch ist die Legende von Loreley, die nur 20 Kilometer flussaufwärts auf dem Felsen bei St. Goarshausen spielt: Hoch oben soll die Schöne so zauberhaft gesungen haben, dass die Schiffer die Kontrolle über ihre Boote verloren

EIN GROSSES FINALE
zeigt die Mosel am Deutschen Eck. Von der Festung Ehrenbreitstein bietet sich ein Panorama-Blick auf die künstlich aufgeschüttete Landzunge in Koblenz, wo die Mosel in den Rhein mündet

Künstler, die sich den Fluss zur Muse küren. Dass der Rhein-Hype auch nach England schwappt, liegt vor allem an zwei Männern. Der eine ist Napoleon, der 1815 die Schlacht von Waterloo verliert: Die Briten verbannen den besiegten Erzfeind aus Europa und können nach Jahren des Krieges das Festland wieder frei bereisen. Der andere ist der englische Dichter Lord Byron, der eine Passage seines Versepos »Childe Harolds Pilgerfahrt« am Rhein spielen lässt.

»Du trägst, auf eine Wunderschnur gereiht, / Schönheit und Mild' und Pracht, die Glorien alter Zeit«, reimt er darin an den Fluss gerichtet.

Den Bestseller liest auch Turner, der selbst längst kein Unbekannter mehr ist. Als Sohn eines Barbiers und Perückenmachers kam er zur Welt, hat schon als Kind Zeichnungen an die Kunden seines Vaters verkauft. Jetzt, im Sommer 1817, ist er 42 Jahre alt, wohlhabend und berühmt.

Am 11. August überquert Turner mit dem Schiff den Ärmelkanal. Am Schlachtfeld von Waterloo, inzwischen eine Touristenattraktion, legt er einen Zwischenstopp ein und fährt dann mit der Postkutsche nach Köln.

Das Wandern ist des Malers Lust: Turner erkundet das Rheintal zu Fuß, legt an manchen Tagen rund 30 Kilometer zurück, schwitzend am Ufer entlang, immer weiter Richtung Süden. Und hinter fast jeder Flussbiegung wartet ein neuer Anblick, der ihn ein Skizzenbuch aufschlagen und zum Bleistift greifen lässt. Auch die Aussprache einiger deutscher Sätze notiert er darin, etwa: »Can ich here essen?« Die rheinländische Kost scheint ihm allerdings auf den Magen zu schlagen; jedenfalls beschreibt er auch ein Mittel gegen Durchfall oder Erbrechen, das ihm wohl jemand empfiehlt. Seiner Energie lässt er sich dadurch nicht berauben, ist wohl stets schon bei Morgengrauen auf den Beinen und erstellt eine Zeichnung nach der anderen.

Vor allem auf der Strecke zwischen Koblenz und Bingen: Dort liegt der mythenumwobene Loreley-Felsen, sind die Steilufer besonders hoch, die Burgen besonders zahlreich. Gleich zweimal übernachtet er in St. Goar, um einen Tag lang die Umgebung erkunden zu können. Der Künstler steigt hinauf zur Burg Rheinfels oberhalb des Ortes, wendet sich nach Nordosten: Dieser Ausblick, welch ein Motiv!

Dort, wo Turner damals ungefähr gestanden haben muss, sind heute zwei Fußabdrücke zu sehen. In einer kreisrunden Bronzeplatte, die in den Boden eingelassen ist, ein Meter Durchmesser. Wer sich mit den eigenen Schuhen in die Abdrücke stellt, sieht das Tal mit den Augen des Meisters. Nur die Autos auf der B 9 und die modernen Gebäude muss man sich weg-

EINEN MYTHISCHEN RHEIN
präsentiert Turner in seinen Bildern. Von verschiedenen
Positionen malt er den Felsen der »Loreley« (oben) – und stellt
ihn hier gewaltiger dar als in der Realität. Kurz vor Boppard
entstand das Aquarell »Blick auf Osterspai und Filsen«

denken, schließlich sind auch die deutschen Lande mittelfristig nicht von der Industrialisierung verschont geblieben.

Die Platte zeigt zudem eine Karte von Turners Wanderroute und trägt einen QR-Code. Wer diesen mit dem Smartphone scannt, gelangt auf die Website der William-Turner-Route und sieht das vollendete Gemälde, das der Meister auf eben diesem Flecken Erde plante: Hell steht die Sonne am Himmel, taucht das Flusswasser und die Hausdächer von St. Goar in gleißendes Licht. Aus 26 solcher Platten zu je einem Gemälde soll die Turner-Route einmal bestehen.

Die Standorte ausfindig gemacht hat Armin Thommes, studierter Kunsthistoriker, Maler und Esoteriker. In dem Städtchen Urbar gegenüber der Loreley betreibt er eine Galerie samt Malschule, widmet sich außerdem »energetischer Heilarbeit«.

»Im Bereich der Landschaftsmalerei hat er mich sehr inspiriert«, sagt Thommes über Turner. Bereits vor gut anderthalb Jahrzehnten kam er auf die Idee, alle Gemälde aufzustöbern, die der Engländer von Motiven im Rheintal zwischen Koblenz und Bingen erstellt hatte. Er durchforstete Ausstellungskataloge, reiste zweimal nach London, um in Museen zu recherchieren. So stieß er auf 26 Aquarelle. Die meisten gehen auf Turners Reise im Sommer 1817 zurück – andere stammen aus späteren Jahren; denn die Gegend gefällt dem Maler so gut, dass er noch mehrmals zurückkehrt.

Mit einer Mappe voll Bildern ging Thommes im Rheintal auf Erkundung: Was zeigt dieses Aquarell, aus welcher Perspektive? Und an welchem Ort hat William Turner also vermutlich gestanden? Stets sei er fündig geworden, sagt Thommes. Auch wenn Turner gern mit der Wirklichkeit spielt, um mehr Dramatik zu erzeugen: Bei ihm ragen die Hügel häufig steiler auf als in der Realität, wirkt das Tal enger, er fügt nach Belieben etwa Mauern hinzu, verschiebt ganze Burgen.

Aus Thommes' Rechercheergebnissen entsteht schließlich das Projekt der Turner-Route, das der Zweckverband Welterbe Oberes Mittelrheintal betreut. Acht Bronzeplatten mit QR-Code sind seit 2018 verlegt worden, die meisten in und um St. Goar. Im Frühjahr 2021 sollen vier weitere folgen, doch bis alle 26 Turner-Standorte komplett sind, wird es wohl noch einige Zeit dauern. Die Anfertigung der »Turner-Platten« sei aufwendig und teuer. »Das sind alles Einzelstücke«, sagt Maximilian Siech, der bei dem Zweckverband für das Projekt zuständig ist. »Man muss erst die Form für den Bronzeguss herstellen.« Rund 10000 Euro koste die Produktion jeder Platte.

TURNER-ROUTE

Der Anfang ist gemacht, etwa in St. Goar oder an der Loreley. Bald sollen Besucher an insgesamt 26 Standorten zwischen Koblenz und Bingen den Blickwinkel des Malers William Turner einnehmen und über den QR-Code auf einer Bodenplatte (Foto) dessen Werke samt Hintergrundinformationen aufs Smartphone holen können. Auch wenn die »Turner-Platten« noch nicht komplett sind – alle Standorte, Skizzen und Aquarelle stehen bereits online auf turner-route.de.

Auf der Website lassen sich schon jetzt alle 26 Gemälde samt Turners wahrscheinlichen Standorten sowie Hintergrundinfos abrufen. Die Seite ist ansprechend gestaltet, informativ, wenn auch nicht ganz frei von Fehlern. So heißt es dort, die Rheintour sei Turners erste Auslandsreise gewesen. Tatsächlich hatte er bereits 1802 Frankreich und die Schweiz besucht, wie die Biografin Franny Moyle und andere Quellen schildern.

Bis Mainz reist Turner im Sommer 1817, wo er mit mutmaßlich müden Beinen am 25. August eintrifft. Den Rückweg nach Köln legt er größtenteils per Schiff zurück.

Anfang September ist er zurück in England. Und erweckt die Welt, die er erkundet hat, mit Farbe und Pinsel zum Leben. Erhaben lässt Turner auf seinen Aquarellen Türme und verfallene Mauern auf Anhöhen thronen, Steilhänge in der Sonne leuchten oder von Schatten verdunkeln und winzig wirkende Kähne im weiten Strom treiben. Lässt den Himmel in sommerlichem Blau strahlen, in der Abenddämmerung verschwinden oder mit dunklen Gewitterwolken drohen; dann wieder spannt er einen riesigen Regenbogen über den Rhein. Gleich mehrfach malt er den Loreley-Felsen. Mehrere Jahre lang wird er von den in Deutschland gesammelten Eindrücken zehren, immer wieder Rheinmotive darstellen.

Und die Wanderung im August 1817 ist erst der Auftakt. Oft wird Turner fortan im Sommer auf Auslandsreisen gehen, nach Italien etwa, Süddeutschland oder Österreich, um dann den Winter malend im Atelier zu verbringen.

Stets wird er mit gefüllten Skizzenbüchern zurückkehren. Aber nicht immer mit all seinem Gepäck.

 *Samuel Rieth* war, anders als der Maler, nicht zu Fuß, sondern mit dem Rad am Mittelrhein unterwegs. Sein Tipp für alle Turner-Fans: der Film »Mr. Turner – Meister des Lichts«.

ALEXANDER BOMMES
Exklusiv fotografiert
für HÖRZU

Einer, der **HÖRZU** zu Hause hat

Eine Marke der **FUNKE** Mediengruppe

SERVICE MITTELRHEIN

Koblenz: Kurztrip durch die Kulturstadt

Halt! Diese Stadt hat auf jeder Mittelrhein-Tour einen Ausflug verdient. Unsere Tipps, was Sie bei Ihrem Koblenz-Kurztrip nicht verpassen sollten

Zum Start: durch die Stadtgeschichte
…und zwar mit zehn Bildern: In denen fasst die Historiensäule des Brunnens auf dem Josef-Görres-Platz in der Altstadt zusammen, wie sich Koblenz entwickelte – vom ersten Römerkastell im Jahr 9 v. Chr. über Mittelalter und Aufklärung bis zur Zerstörung im Zweiten Weltkrieg.

Dann: einen Überblick gewinnen
Am Deutschen Eck mündet die Mosel in den Rhein; besonders gut sieht man das Zusammentreffen der beiden Flüsse aus der Höhe. Die Seilbahn Koblenz startet ihre Fahrt über den Rhein bei der Basilika St. Kastor. Für Mutige: Gondel Nr. 17 hat einen gläsernen Boden …
seilbahn-koblenz.de

Nächster Stopp: Kultur in der Festung
Bei der Bergstation auf der anderen Rheinseite gilt es auszusteigen: Mit der Festung Ehrenbreitstein liegt hier eine der größten erhaltenen Festungen Europas; der Bau stammt vor allem aus dem 19. Jahrhundert. Heute hat hier das Landesmuseum Koblenz seinen Sitz und zeigt Dauer- wie Wechselausstellungen zu den Schwerpunkten Archäologie, Weinbau, Wirtschafts- und Kulturgeschichte.
tor-zum-welterbe.de

Zum Abschluss: Rhein-Romantik pur!
Zurück in der Stadt, geht's direkt am Fluss zum Kurfürstlichen Schloss, 1777-1786 im französischen Frühklassizismus errichtet. Schon der spätere Kaiser Wilhelm I. residierte hier gern, heute spazieren Besucher durch den Park, der 2011 für die Bundesgartenschau frisch bepflanzt wurde. Stilvoll Kaffee trinkt man hier im »Grand Café«.

Per Seilbahn geht's von Koblenz über den hier 287 Meter breiten Rhein zur Festung Ehrenbreitstein. Dort zeigt das Landesmuseum spannende Kultur-Ausstellungen

Mittelalter-Ruine
Nordwestlich von Bingen liegt die Ruine der Burg Fürstenberg auf einem Felsvorsprung 152 Meter über dem Rhein. Ab 1217 wurde die Burg erbaut, im 17. Jahrhundert dann zerstört. Sie erreichen die Ruine zu Fuß über einen Stichweg vom Rheinburgenweg (ca. 5 km ab Niederheimbach).

Mittelalter-Original
Die Geschichte der Marksburg, südlich von Koblenz gelegen, ist lang – etwa 800 Jahre. Und besonders: Nie wurden ihre Bauten aus dem 13. bis 15. Jahrhundert zerstört. Das macht sie zu einer der besterhaltenen Wehranlagen aus dem Mittelalter. Infos, auch zu Führungen, unter:
marksburg.de

Mittelalter-Inspiration
Kronprinz Friedrich Wilhelm bekam 1823 die Ruine der einst stattlichen Burg Stolzenfels bei Koblenz geschenkt – und ließ sie nach Plänen von Karl Friedrich Schinkel wieder aufbauen. Das Ergebnis: Ein Märchenschloss mit Landschaftspark.
tor-zum-welterbe.de

Drei Fragen an Ute Grassmann, Gästeführerin

» Diese Sehnsucht nach Liebe und Schönheit «

Ute Grassmann gründete 2004 mit Tempus Rhenus ein Unternehmen, das Führungen und Events am Mittelrhein anbietet

MERIAN: Was ist dran am Mythos der Loreley?
UTE GRASSMANN: Schiffer haben schon früh von diesem Felsen gesprochen: Hier gab es einst ein starkes Echo, außerdem verborgene Felsen und Strömungen. Eine gefährliche Ecke, die entstand, als sich vor etwa 2 Mio. Jahren der Rhein hier immer tiefer in das Schiefergebirge eingewaschen hat.
Und Grund für die Gefahr konnte nur ein schönes Mädchen sein, das sich hier auf dem Felsen sein langes, goldenes Haar kämmt...
... und mit seiner Schönheit die Schiffer vom Kurs abbringt, ja. Clemens Brentano schrieb eine Ballade darüber, Heinrich Heine später dann ein Gedicht, das von Friedrich Silcher vertont wurde. So verbreitete sich der Mythos um die Welt. Menschen haben einfach diese Sehnsucht nach Liebe und Schönheit, nach Geschichten.
Und heute: Was gibt es am Loreley-Felsen zu sehen?
Der Felsen ist höher als man denkt: 125 Meter. Auf seinem Plateau wurde 2019 ein Kultur- und Landschaftspark angelegt, dort lassen sich sein Mythos und seine Geschichte schön erleben. Der Eintritt ist frei. Im Besucherzentrum gibt es außerdem eine Ausstellung, hier wird auch ein 3-D-Film über das Mittelrheintal gezeigt. Und dann gibt's noch eine große Freilichtbühne mit vielen großen Konzerten im Sommer.
loreley-besucherzentrum.de, loreley-freilichtbuehne.de

Mythischer Fels: Auf diesem Schieferfels bei St. Goarshausen soll die Loreley Rhein-Schiffer betört haben

---

WAS HABEN LUDWIG VAN BEETHOVEN, KONRAD ADENAUER UND WILLY BRAND GEMEINSAM?

Sie alle liebten die wunderbare Gegend um Bonn, das Siebengebirge und die kleinen Ortschaften am Rhein. Erleben Sie die rheinische Lebensart in Bad Honnef, dem „Nizza am Rhein". Früher Erholungsdomizil gekrönter Häupter, ist es heute eine gelungene Mischung aus Natur, Kultur und Lebensfreude. Ob Festivals auf der Insel Grafenwerth, Kulturveranstaltungen im prächtigen Kursaal, Wanderungen im Siebengebirge mit wunderbaren Ausblicken ins Rheintal und entlang des Rheinsteigs oder ein Besuch beim „Alten" Konrad Adenauer in Rhöndorf – langweilig wird es so schnell nicht!
Wenn Sie von Ihren Ausflügen zurückkehren, bietet eine vielfältige Gastronomie wunderbare Einkehrmöglichkeiten und die malerische Innenstadt lockt zum Shoppen. Lust auf Bad Honnef?

Mehr Infos unter www.meinbadhonnef.de

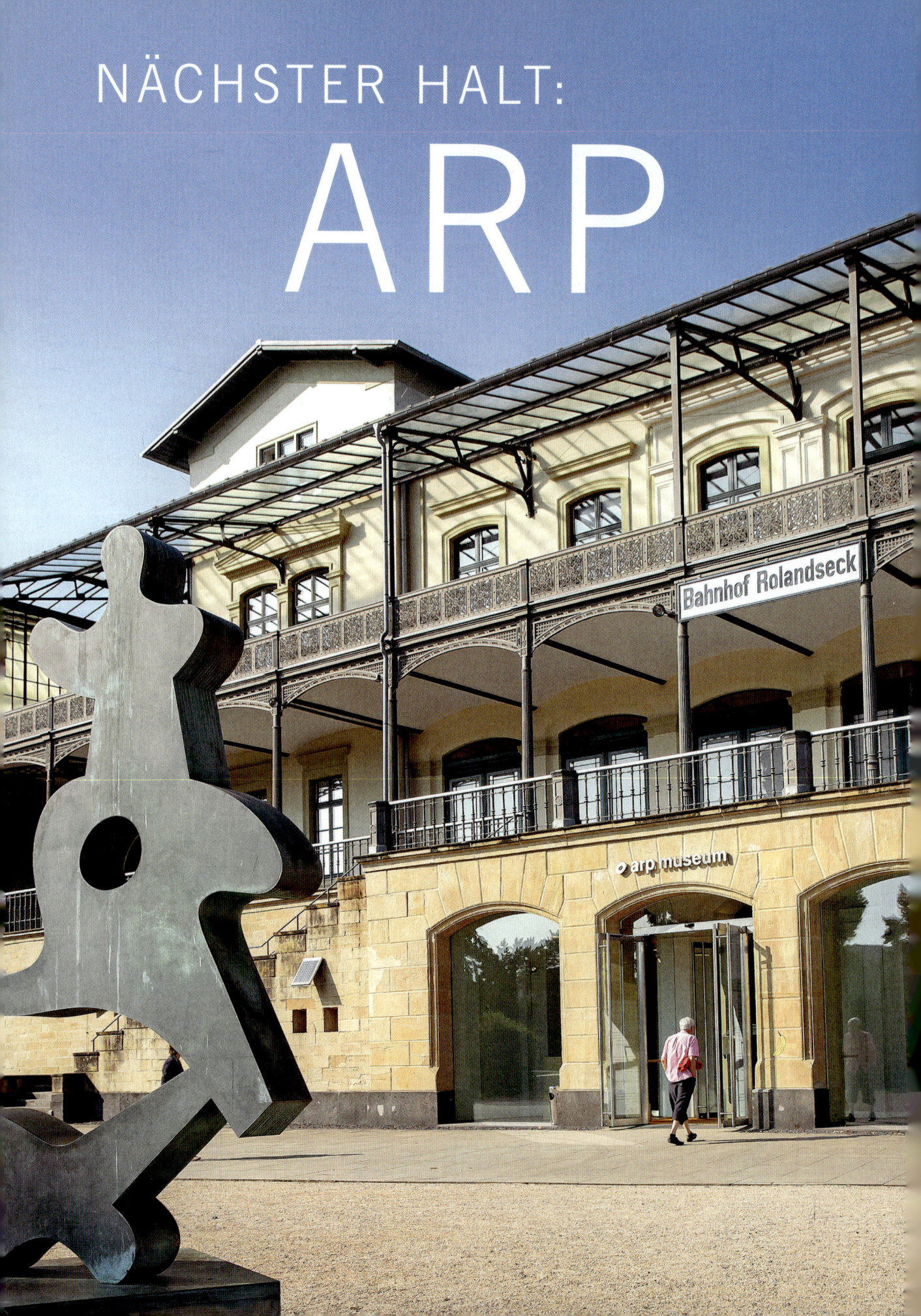

RHEINKILOMETER 640

Wer in Rolandseck aussteigt, findet einen Bahnhof und doch viel mehr: Einst traf sich darin die Hautevolee, und heute führt er in einen spektakulären Museumsbau zu Werken von einem der einflussreichsten Künstlerpaare der Moderne

Das klassizistische Gebäude war immer zugleich Bahnhof und Kulturort. Die Bronzeplastik »Bewegtes Tanzgeschmeide« vor dem Portal stammt von Hans Arp, dem Star des Hauses. Im Erweiterungsbau wird seine Kunst oft in Kontext gesetzt, hier mit der Salvador Dalís

MERIAN 101

TEXT **SANDRA DANICKE**
FOTOS **ISABELA PACINI**

Die Sammlung des Arztes Gustav Rau hat ihren Auftritt in einer eigens gestalteten Kunstkammer. Der Korridor mit der Installation »Kaa, die Schlange« von Barbara Trautmann führt zum Aufzug in den Neubau

Wrrrrmmms – der Boden vibriert. »Wir stehen direkt unter den Gleisen«, jubelt Oliver Kornhoff. In anderen Museen würde sich der Direktor wohl weniger freuen, wenn Verkehrsgeräusche so spürbar in die Räume dringen. Für Oliver Kornhoff aber kommen genau dadurch die beiden Welten zusammen, die das Haus ausmachen, das er seit 2009 leitet. Die eine Welt beginnt in dem kubischen Tunnel mit seitlicher Neonbeleuchtung, in dem er gerade steht. Der ist ein Meisterwerk der zeitgenössischen Museumsarchitektur und führt zu einer einzigartigen Kunstsammlung, die hier am Hang zu Hause ist: die der abstrakten Werke von Hans Arp und seiner Frau Sophie Taeuber-Arp, einem Paar, das die Kunstwelt des 20. Jahrhunderts geprägt hat wie kaum ein anderes.

Die andere Welt hat der Direktor gerade verlassen: das Sockelgeschoss aus dem 19. Jahrhundert, das einst als Remise für Pferde und Kutschen diente. Es gehört zum Bahnhof Rolandseck, einem Schmuckstück im klassizistischen Stil mit Eisenstützen und ornamentierten Geländern, errichtet 1858, als dieser gut 15 Flusskilometer vor Bonn gelegene Ort durch die Reiselust wohlhabender Menschen aufblühte.

Über Jahrzehnte betraten feine Herren mit Paletots, Hüten und ledernen Koffern hier den Bahnsteig, während vorne die Dampflok schnaubte. Damen mit Kapotthüten glätteten ihre kuppelförmigen Röcke, bevor sie für einen ersten Blick auf den Fluss und das Mittelrheintal zur Terrasse des Gebäudes stolzierten. Rund 150 Jahre ist es her, dass diese feine Gesellschaft in Rolandseck, heute ein Stadtteil des kleinen Remagen, in Kutschen oder Dampfschiffe umstieg, um zu ihren Landhäusern, Villen und Hotels weiterzufahren. Und immer noch bietet die Landschaft rund um das Siebengebirge ihren Besuchern einen ähnlich erhabenen Anblick wie ihn einst Königin Viktoria von England oder Kaiser Wilhelm II. genossen haben.

Wenn heute gewöhnliche Regionalzüge in Rolandseck halten, freut sich Oliver Kornhoff daher nicht nur über neue Museumsgäste, sondern auch darüber, dass sie dieses Kulturerbe neu beleben. Er setzt sich mit viel Leidenschaft für das Arp Museum Bahnhof Rolandseck ein, kann über jedes Detail der Kunstwerke und der Architektur begeistert berichten – wie auch über die wendungsreiche Geschichte, die zur Sammlung und zum Erhalt des Bahnhofs geführt hat. Der Direktor, ein freundlicher Mann mit Stoppelbart und Hornbrille, kommt dabei vom Hundertsten ins Tausendste – was nicht weiter stört, denn er steckt nicht nur voller Energie, sondern auch voller Anekdoten.

Jetzt marschiert er im Verbindungstunnel auf eine kahle Wand am Ende zu. Beides ist schon Teil der Dramaturgie, die sich der amerikanische Architekt Richard Meier für den Neubau überlegt hat, der seit rund 15 Jahren am Hang oberhalb des Bahnhofs in Weiß aus dem Wald leuchtet. Meier schickt die Besucher auf eine abwechslungsreiche Reise durch tiefe Stollen und hoch gelegene Aussichtsplätze. Dabei überrascht er sie immer wieder, so wie jetzt, am Ende des Tunnels: Durch eine verglaste Decke blickt man auf vorbeiziehende Wolken und auf die Äste, die sich draußen im Wind wiegen. Das Wetter, die Tageszeit, die Natur sind durch zahlreiche Öffnungen stetig präsent. Für Richard Meier gehören die Fenster und das Weiß zu den prägenden Elementen seines Baus: »Der expansive Gebrauch von Glas erlaubt es, hinauszuschauen und das Licht hineinzulassen«, so lautet seine Erklärung dazu. »Es ermöglicht den Innenräumen, sich zu den Außenräumen in Beziehung zu setzen. Das Weiß des Gebäudes reflektiert auch die Landschaft, die den Raum umgibt. Das Weiß ist niemals einfach nur weiß, es verändert sich immer – es verändert sich mit dem Licht, mit den Jahreszeiten, es verändert sich im Laufe des Tages. Das Weiß reflektiert die Farbe der das Haus überall umgebenden Natur und es erlaubt, die Farben der Kunst bestmöglich zu präsentieren.«

Mythisch überhöht ist diese Natur, die Richard Meier so elegant in seinen Bau miteinbezogen hat: Um 1800 entdeckten Künstler das sagenhafte Rheintal mit seinen Burgen und machten es durch ihre romantischen Werke zu einem der beliebtesten Reiseziele in Deutschland. Man sprach gar von der »Rheinischen Riviera«. Und als 1855 die private Bonn-Cölner Eisenbahn-Gesellschaft ihre Strecke bis nach Rolandseck verlängerte, avancierte der Ort zu einem wichtigen Verkehrsknotenpunkt. Im Bahnhofsgebäude kamen ruhebedürftige Unternehmer, Intellektuelle und Prominente an und verweilten. Das Obergeschoss mit seinen prachtvollen Sälen war weit mehr als ein Wartebereich für die Reisenden: Hier traf man sich bei Konzerten von Johannes Brahms, Clara Schumann oder Franz Liszt, hier ließen sich die Brüder Grimm und Friedrich Nietzsche zu Werken inspirieren, hier schrieb Guillaume Apollinaire eine ganze Reihe von Gedichten.

Umgeben von Ausflugszielen wie dem Drachenfels oder dem Rolandsbogen, Rest einer stattlichen Burg, in der einst ein wackerer Ritter namens Roland seiner Hildegunde nachgetrauert haben soll, fügt sich der Bahnhof perfekt in die Landschaft. Zahlreiche Künstler des 19. Jahrhunderts wie Caspar Scheuren,

Draußen wie drinnen ein Gesamterlebnis: Von der Terrasse des Bahnhofs geht der Blick ins Rheintal. In den historischen Wartesälen gibt es nicht nur Essen, dort finden auch Konzerte oder Lesungen statt

NEBEN DER KUNST
WIRD HIER AUCH DIE
NATUR PERFEKT
IN SZENE GESETZT

Die Übergänge, hier der vom Aufzugturm in den Neubau, sind Orte, die für sich stehen, und selbst kleine Kunststücke – immer mit Bezug zur Natur

Verbunden durch Tunnel im Hang: der historische Bahnhof am Rheinufer und der höher gelegene Erweiterungsbau

ARP MUSEUM BAHNHOF ROLANDSECK

Neben der eigenen Sammlung mit Werken von Hans Arp und Sophie Taeuber-Arp zeigt das Museum auch Wechselausstellungen, aktuell etwa über die Bildhauerin Stella Hamberg. Außerdem sind in der »Kunstkammer Rau« als Leihgabe bis 2026 Arbeiten zu sehen, die der Tropenarzt und Kunstsammler Gustav Rau (1922-2002) der UNICEF-Stiftung vermacht hat. Die Bandbreite reicht von Meisterwerken aus dem 15. Jahrhundert, etwa von Fra Angelico, bis zu den Impressionisten Renoir und Monet. Einen Besuch wert sind auch die Bahnhofstoiletten (der britische Künstler Stephen McKenna hat sie 1972 ausgemalt) und das Restaurant »Interieur No. 253«, wo man auf der Terrasse zum Rhein oder in den ehemaligen Wartesälen der höheren Klassen unter opulenten Kristalllüstern bei feiner Küche und guten Weinen sitzt. Der Name weist auf den kleineren Gastraum mit Bar, der gleichzeitig ein begehbares Gesamtkunstwerk des Berliner Künstlers Anton Henning ist.

Remagen, Hans-Arp-Allee 1
Tel. 02228 942516, arpmuseum.org

Carl Schlickum oder William Turner ließen sich von der Szenerie zu stimmungsvollen Bildern anregen.

»Schöner kann ein Museum nicht liegen«, schwärmt Oliver Kornhoff, während er eine Etage höher geht. Als er um eine Ecke biegt, steht er plötzlich wieder mitten im Wald. Hinter einer Glasscheibe erscheint ein Drachenbaby im Laub, wie ein Gruß aus der Welt der Sagen. Bei »Doc Flashflesh – Feuerrotes Erzdrachenbaby (Süssesüssesüsses de Baby)« handelt es sich um eine zeitgenössische Bronzeskulptur von Jonathan Meese, die zugleich an ein Wappentier und ein Fantasieungetüm erinnert. Um sämtliche Sinne wachzuhalten, hat Meier die Architektur als einen Parcours voller Kontraste inszeniert.

Der Weg zum Herzen des Hauses, der Arp-Sammlung im Obergeschoss, führt durch einen zweiten, tief in den Hang getriebenen Tunnel mit rohen Betonwänden, an dessen Ende ein gläserner Aufzug wartet. 40 Meter saust er in die Höhe, vorbei an schrundigen, ausgegossenen Bohrkernen, die wie Säulen aus grauer Vorzeit wirken. Oben wurde auf einer Terrasse ein Fernrohr montiert, durch das man die Details der das Haus umgebenden Landschaft fokussieren kann. Teile des Neubaus mit seiner weißen Aluminiumverkleidung ragen dabei effektvoll ins Bild, als habe der Architekt mit seinen gestaffelten, horizontalen und vertikalen Riegeln der Natur eine Bühne gebaut.

Noch ein paar Stufen, dann steht man mittendrin in der umfangreichen Sammlung von Hans Arp (1886-1966) und Sophie Taeuber-Arp (1889-1943). Die beiden waren prägend für den Dadaismus wie auch für den Surrealismus. Sie wurden zu Schlüsselfiguren der konkreten Kunst – und waren damit maßgeblich beteiligt an der Entwicklung abstrakter Ausdrucksformen.

Die Sammlung in diesem Haus erscheint als wundersame Welt voller schwebender Ovale und tanzender Quadrate, in der geschwungene Konturen mit geometrischen Farbstudien einen spannungsvollen Dialog führen. Farben und Formen führen ein Eigenleben, das nicht an die Darstellung von Gegenständen geknüpft ist. Hierbei gingen die Schweizer Künstlerin und ihr deutsch-französischer Mann allerdings unterschiedlich vor. Während Hans Arp sich mit seinen Zeichnungen und plastischen Werken an den Entstehungs- und Wandlungsprozessen der Natur orientierte, war Sophie Taeuber, die er 1922 heiratete, eine Vorreiterin der geometrischen Abstraktion und konstruktiven Kunst. Neben freien Arbeiten entwarf sie auch Kostüme, Stoffe und Marionetten.

S

Sowohl seine sanft bewegten als auch ihre klar strukturierten Werke fügen sich geradezu selbstverständlich in diesen Kosmos aus Licht, Natur und strenger Geometrie. Das ist kein zufälliges Zusammenspiel, die Architektur wurde nicht nur auf ihre Umgebung, sondern auch auf den Schatz des Hauses, die Kunst der beiden Arps, abgestimmt. Deren Bereich ist dabei kein starres Gefüge. Immer wieder werden die Arbeiten in neuen Kontexten gezeigt, sei es mit Werken des Surrealisten Salvador Dalí oder wie ab Sommer 2021 mit Plastiken von Auguste Rodin.

Damit in Remagen dieses einzigartige Museum entstehen konnte, mussten hier einige Kräfte wirken. Nach dem Zweiten Weltkrieg geriet das auf den Tourismus ausgerichtete Rolandseck ins Abseits. Zudem hatten sich die Nationalsozialisten den Rhein und seine Umgebung als deutsche Ideallandschaft angeeignet und damit nachhaltig kontaminiert: Seine berühmten Orte waren nicht mehr die beliebten Reiseziele von einst. In den 1960er Jahren stand das Gebäude, das heute als bedeutendes Kulturdenkmal der rheinischen Kunstgeschichte und des frühen deutschen Eisenbahnbaus gilt, kurz vor dem Abriss.

Doch dann kam Johannes Wasmuth. Der Bonner Galerist verliebte sich in das Haus und setzte viel in Bewegung, um das marode Gebäude als Kunst- und Kulturzentrum neu zu beleben.

Wasmuth war eine schillernde Persönlichkeit mit prominentem Freundeskreis und einer legendären Überzeugungskraft. Für Benefizauktionen beschwatzte er auch schon mal Künstler wie Pablo Picasso oder Oskar Kokoschka, die dann freigiebig Bilder spendeten. Die Medien nannten ihn »Edel-Schnorrer« *(Wirtschaftswoche)* oder »Robin Hood of Bonn« *(The Guardian)*. Im Bahnhof Rolandseck ging jedenfalls schon bald wieder die Prominenz ein und aus. Maler und Bildhauer wie Gerhard Richter, Sigmar Polke und Günther Uecker trafen sich hier. Die Düsseldorfer Künstlergruppe Zero feierte Feste, Karlheinz Stockhausen war ebenso zu Gast wie der Dalai Lama oder Duke Ellington.

Als Johannes Wasmuth allmählich das Geld für den Bahnhof ausging, gründete das Land Rheinland-Pfalz 1973 eine Stiftung, um das enorm populäre Projekt zu erhalten. Zur Gründung des Arp-Museums kam es, weil Wasmuth auch mit Hans Arp und dessen zweiter Frau und Witwe Marguerite Arp-Hagenbach befreundet war, die ihm 1977 einen Teil des Nachlasses überschrieb. Zahlreiche Ankäufe später war das Gebäude definitiv zu klein für die Kunstsammlung. Man schmiedete Pläne für einen Neubau, und als Wasmuth dem Architekten Richard Meier begegnete, muss er wieder mal sehr überzeugend gewesen sein: Man kannte sich nicht, jeder sprach kaum die Sprache des anderen, doch nach ein paar Gläsern Wein war klar: Meier war dabei. »Let's make something special Hans Arp would be proud of!«, soll der Architekt enthusiastisch verkündet haben. Und so kam es. Wenngleich es dann noch ziemlich lange dauerte, bis alle zufrieden und die Finanzierung gesichert war. Als Johannes Wasmuth 1997 starb, war noch nicht einmal der Grundstein gelegt. Erst 10 Jahre später konnte der Museumskomplex mit dem Neubau eröffnet werden.

Die Werke eines avantgardistischen Künstlerpaars, die zeitgenössische Architektur, der Rhein-Tourismus: In Rolandseck findet seitdem wieder vieles zusammen. So gehört sich das eben für einen Verkehrsknotenpunkt. Denn immerhin ist das Arp-Museum das wohl einzige Kunsthaus der Welt, das sowohl über einen Bahnhof, einen Fähranleger und einen Hubschrauberlandeplatz verfügt. Das »H« auf dem Boden vor dem Haus ist ein Werk des Schweizer Konzeptkünstlers Res Ingold und durchaus praktisch: Regelmäßig landeten darauf Hubschrauber vom ADAC, erzählt Direktor Oliver Kornhoff. Und grinst, weil die Kunst manchmal seltsame Wege geht.

 *Sandra Danicke, Autorin aus Frankfurt, kann gut verstehen, dass einst so viele Kreative in Rolandseck verweilten. Fast wäre sie selbst Dauergast geworden: Nach dem Rundgang genoss sie im Restaurant bei einem Glas Wein die Aussicht – und verpasste fast ihren Zug.*

MERIAN MEISTERSTÜCK

Ewige Baustelle: Die Dombauhütte hat bis heute gut zu tun, derzeit wird der Nordturm restauriert. In Köln sagt man: »Wenn der Dom fertig ist, geht die Welt unter«

RHEINKILOMETER 688

Das späte Wunder von Köln

1248 begonnen, ist der **Kölner Dom** im 19. Jahrhundert eine vernachlässigte Baustelle. Keiner glaubt mehr, dass die Kirche je fertig wird. Bis ein Mann das Land für sie begeistert

TEXT **FRANZ LENZE**

Köln, Anfang des 19. Jahrhunderts. Die Stadt, seit 1794 von Napoleons Truppen besetzt, ist kaum wiederzuerkennen: Schweine müssen neuerdings angeleint sein oder im Stall leben, die Häuser tragen Nummern, und Unrat, ob menschlicher oder tierischer, darf nicht weiter auf die Straße gekippt werden. Das ist die eine Seite. Die andere schockt die Kölner: Ihre kirchlichen Feste und Feiern sind verboten, untersagt sind Prozessionen und öffentliches Beten, sogar Kirchen werden nun niedergerissen.

Köln, seufzt Sulpiz Boisserée, sei eine »verödete alte Reichsstadt«, verkommen zur »französischen Provinzialgrenzstätte«. Boisserée, Kölner, 1783 geboren, sammelt alte deutsche und flämische Gemälde. Er leidet. An der Stadt, an ihrem Zustand. Mehr noch aber am Dom. Dieser Ruine! Rund 300 Jahre lang hatten Zimmerleute, Steinmetze und Schmiede nahe dem Rhein den Chor und Teile seines Südturms errichtet. Dann schlief der Bau um 1560 ein: Die Reformation löschte die Liebe zu himmelhohen Kirchen, für den Dom war kein Geld mehr da, es fehlte an Pilgern und Ablass-Zahlungen. Außerdem galt die Gotik mit ihren Spitzbögen, Kreuzrippengewölben und reich verzierten Säulen nun als unmodern. In den folgenden Jahrhunderten wird immer wieder am Dom herumgebastelt, der Chor zwischen 1744 und 1770 ins Barocke verwandelt. Jetzt sind seine Mauern von Sträuchern überwuchert, die Pfeiler zerbröckelt, Regen träufelt auf die Altäre. Die Franzosen nutzen die Überreste des Baus als Lager, Lazarett und Gefängnis.

In Boisserée erwacht ein Entschluss. Eine Vision. Der Dom soll in voller Pracht auferstehen. »Im Winter 1808«, schreibt er später, »kam es in mir zu einer großen, gewaltigen Gärung.« Der alte Dom, diese seit Jahrhunderten verfallene Ruine, weckt sein Interesse. »Nun warf ich mich zu Anfang dieses Jahrs auch noch auf die Ausmessung des Doms, und ich begann leidenschaftlich von einem Werk zu träumen, welches dieses so traurig unterbrochene Denkmal deutscher Größe im Bilde vollendet darstellen sollte.«

Boisserée lässt die Bausubstanz begutachten, beschäftigt drei Zeichner für Grundrisse und Fassadenbilder und beginnt sein großes, mehrbändiges Stichwerk, das den Dom, wie er sagt, »in antizipierter Vollendung« zeigt. Außerdem sucht er Mitstreiter für seine Vision. 1811 reist er, in der Hoffnung auf ein gutes Wort, zu Goethe nach Weimar. Der Dichter, eigentlich kein Freund altdeutscher Künste, lässt sich von der Idee begeistern: Vier Jahre nach ihrem ersten Kennenlernen erstellt er ein Gutachten, das den Weiterbau des Doms empfiehlt. Damit nicht genug: Boisserée schafft es sogar, seine Pläne dem preußischen Kronprinzen vorzulegen. Der feingeistige Friedrich Wilhelm, 19 Jahre alt, erinnert sich später: »3 Nächte habe ich über Ihre Zeichnungen vom Dom nicht schlafen können!« Boisserée, lässt er wissen, habe ihn »domtoll« gemacht.

Dann bricht das Jahr 1814 an, »das glückliche Jahr«, wie Boisserée es nennt. Anfang Januar fliehen die Franzosen vor den heranpreschenden Preußen aus der Stadt. Mit einem Mal rückt der Weiterbau

> Es beginnt mit der Vision eines Kunstsammlers: Der Kölner Dom soll in voller Pracht auferstehen

MERIAN 109

MERIAN MEISTERSTÜCK

Aeußere Ansicht des Domes zu Köln.

Ein Meisterstück des Mittelalters wird im 19. Jahrhundert vollendet: eine der größten gotischen Kathedralen der Welt. Die Druckgrafik oben zeigt den Kölner Dom um das Jahr 1828, also vor Baubeginn. Auf der Fotografie unten ist der Dom etwa zwei Jahre vor der Fertigstellung 1880 zu sehen

Endlich fertig: Im Jahr nach der Einweihung nehmen Zimmerleute 1881 das Gerüst an den Türmen ab – nach über 600 Jahren Bauzeit

des Doms in greifbare Nähe, immerhin gehört Köln nun zum Machtkreis Friedrich Wilhelms. Die Zeit scheint günstig. Selbst im »Rheinischen Merkur« fordert Joseph Görres, der glühende Anhänger eines geeinten Deutschlands, den Weiterbau des Doms: »In seiner trümmerhaften Unvollendung, in seiner Verlassenheit ist er ein Bild gewesen von Teutschland seit der Sprach- und Gedankenverwirrung, so werde es denn auch ein Symbol des neuen Reiches, das wir bauen wollen!«

Ungeduldig, angetrieben von seiner Leidenschaft zum Dom, besucht Kronprinz Friedrich Wilhelm am 16. Juli die Stadt. Als er von Ferne den alten Turm erblickt, ruft er: »Jesus, da ist der Dom schon!« Boisserée begleitet ihn durch die Ruine, zeigt ihm die Glasgemälde, den Dreikönigsschrein, er führt ihn auf den Chorumgang bis hinauf aufs Dach. Hier oben, hoch über Köln, ist dem Prinzen leicht schwindlig: Boisserée, ganz Mann der Tat, reicht ihm die Hand, damit er sicher hinausblicken kann. Friedrich Wilhelm ist begeistert. »Sehen Sie«, ruft er seiner Entourage zu, »dass das viel herrlicher ist, als alles, was wir gesehen!« Nach dem Besuch schreibt Boisserée an seinen Bruder, der Kronprinz »wollte nun eben gleich den Dom ausbauen«.

Damit ist das »glückliche Jahr« aber längst nicht zu Ende. Im September entdeckt im fernen Darmstadt, im Gasthaus »Zur Traube«, ein Zimmerergeselle auf dem Dachboden ein Pergament. Der 4 Meter hohe und 80 Zentimeter breite Lederstreifen zeigt den Aufriss eines Turms des Kölner Doms – vom Sockel bis zur Spitze. Endlich weiß Boisserée, wie sich die Baumeister der Gotik die Fassade vorgestellt haben. Die andere Hälfte des Pergaments entdeckt er wenig später in Paris.

Boisserées Ideen reifen, 1816 befasst sich Karl Friedrich Schinkel, Preußens genialischer Baumeister, mit dem Dom. Er kommt zum Schluss, dass die Ruine nur gerettet werden kann, wenn ihr Bau vollendet wird. Allerdings vergehen bis zum Baubeginn noch fast 30 Jahre. 1830 wird Schinkels Adjutant Ernst Friedrich Zwirner zum Dombaumeister ernannt, der hartnäckig alles daransetzt, dass der Dom getreu der mittelalterlichen Pläne gebaut wird – mit allen Verzierungen, Fialen und Ornamenten.

Am 4. September 1842 ist Boisserée am Ziel. Zum zweiten Mal feiern die Kölner die Grundsteinlegung ihres Doms – die erste war 1248. Friedrich Wilhelm IV. ist angereist, nun König von Preußen. Beethoven erklingt, Händels »Halleluja« wird geschmettert und Boisserée ist überwältigt. Er liegt auf Knien, den Kopf in seinen Händen verborgen, übers Gesicht rinnt ein »Strom von Tränen«. Dann wird auf dem halbfertigen Südturm der neue Grundstein emporgezogen. Hier, sagt Friedrich Wilhelm, »sollen sich die schönsten Tore der ganzen Welt erheben«.

Die Vollendung seiner Vision, den hoch errichteten Dom, erlebt Sulpiz Boisserée nicht mehr. Er stirbt 1854 im Alter von 70 Jahren. Seinen Trauerzug begleiten die Arbeiter der Dombauhütte. Knapp 26 Jahre später, am 15. Oktober 1880 wird der Dom eingeweiht. Ein graziler Bau, von Licht durchflutet, 157 Meter hoch. Der Inbegriff gotischer Baukunst. Wie Boisserée es erträumt hat.

Endlich wird der Dom fertiggestellt: 1842 feiert Köln zum zweiten Mal die Grundsteinlegung des Doms

ADVERTORIAL

ROADTRIP DURCH DIE ZEIT

Wer von Düsseldorf flussabwärts fährt, erlebt einzigartige Architektur aus Jahrtausenden – vom Medienhafen über Duisburgs unbekannten Glamour bis zum Xanten der Römer

Gut gebaut: der neu gestaltete Kia Sorento zwischen Duisburgs Theater und der Skulptur »5 Arcs x 5« von Bernar Venet

Gute 180 Kilometer lang ist die Strecke von Düsseldorf bis zum Nationalpark De Biesbosch: Perfekt für ein langes Wochenende oder den spontanen Kurzurlaub

WELTSTARS IN DÜSSELDORF

Warum bauen die am Rhein so schön? Das haben sich internationale Medien gefragt, als ab 1998 die Gehry-Bauten in Düsseldorfs Medienhafen fertiggestellt wurden – dynamische Fenstertürme nach Entwürfen des US-amerikanischen Architekten Frank Owen Gehry mit schrägen Linien und einer gewellten Fassade. »Wieso stehen diese Türme nicht bei uns?«, nölte die New York Times, seitdem gehören die Häuser zu den wichtigsten Bauwerken in dem früheren Industriehafen mit seinen modernen Geschäftshäusern und historischen Gebäuden. Auf einer Brücke, die das Hafenbecken überspannt, steht ein Quader mit einem Café, von hier kann man die wichtigsten Gebäude anschauen: Den Fernsehturm, das 62 Meter hohe Colorium mit den vielen Farbflächen in der Fassade und das Port Event Center mit seinem »Wolkenbügel«, einem verglasten Vorsprung, der weit über ein altes Gebäude mit seiner roten Klinkerfassade hervorragt.

Damit ist der Medienhafen ein optimaler Startpunkt für eine Reise, auf der Gebäude die Geschichte der Region erzählen. In Duisburg lotst das intuitiv bedienbare Navigationssystem des Kia Sorento durch das Gewusel im Hafen direkt zu Katja Bischoff: Sie leitet den Hafenkult, einen Co-Working-Space von 17 Künstlern, die hier in den früheren Räumen einer Spedition arbeiten. »Als wir vor zehn Jahren hier einzogen, standen auf dem Schreibtisch eines Chefs noch Familienfotos«, sagt sie, als sie durch das Haus aus den Sechzigern führt. »In einem Raum steht ein riesiger Tresor: Den behalten wir als Erinnerung an vergangene Zeiten, genau wie das Rohrpostsystem.« Durch die großen Fenster sind die Räume sehr hell, optimal für die Maler, Grafiker, Designer und Fotografen.

DUISBURG BAUT NAH AM WASSER

Der Hafenkult ist ein guter Startpunkt für eine kurze Tour durch Duisburgs Epochen. Sie führt erst zum Museum Küppersmühle: Es zeigt moderne deutsche Kunst in einem rot geklinkerten Industriegebäude aus dem 19. Jahrhundert, die Etagen sind verbunden durch ein organisch geschwungenes Treppenhaus aus Beton von den Schweizer Architekten Herzog & de Meuron. Von hier ist man schon fast im Zentrum von Duisburg, die Kameras rund um den Kia Sorento helfen beim Einparken: Auf

Mit seinem roten Dachvorsprung prägt das Colorium das Bild von Düsseldorfs Medienhafen

Büro reloaded: Die Künstlergemeinschaft Hafenkult hat in Duisburgs Industriehafen die perfekte Bleibe gefunden. Auch der Hund findet's super

ADVERTORIAL

Für Kurven gemacht: der Kia Sorento vor den Gehry-Bauten in Düsseldorfs Medienhafen (u.) und die begehbare Skulptur »Tiger & Turtle« in Duisburg (r.). Sie bietet einen wunderbaren Ausblick auf die Hüttenwerke von Krupp, die manchmal den Himmel zum Glühen bringen

SO WAS VON GELADEN: DER NEUE KIA SORENTO

Wir waren unterwegs mit dem Kia Sorento in seiner neuen Hybridversion aus einem 1,6-Liter-Benziner mit 230 PS und einem Elektromotor mit 44,2 kW, die Sechs-Stufen-Automatik sorgte für eine geschmeidige Übersetzung. Praktisch: Der Elektromotor wird nur durch das Bremsen aufgeladen.

***

Mehr Beinfreiheit und Komfort: Die Batterie für den Hybridmotor liegt unterhalb des Beifahrersitzes im Boden des Fahrzeugs.

***

Das Gepäckabteil bietet beim Fünfsitzer ein Volumen von mehr als 900 Litern.*

***

kia.de

* Laderaumvolumen in Liter nach VDA

dem großen Display zeigen sie das Auto aus der Vogelperspektive und seine Umgebung – ein großes Plus an Komfort und Sicherheit.

In der Duisburger Innenstadt zeigen sich dann spannende Kontraste. Aus einem Meer von Geschäftsgebäuden aus der zweiten Hälfte des 20. Jahrhunderts, die nicht alle vorteilhaft gealtert sind, ragen zwei Bauwerke heraus wie Felsen des guten Geschmacks: Das Rathaus von 1902 träumt mit seinen überbordenden Verzierungen von verflossenem Reichtum, und vor dem weißen Theater von 1912 tragen dicke Säulen mit verzierten Kapitellen einen breitschultrigen Giebel. An der Rückseite erhebt sich weithin sichtbar der turmartige Bühnenraum.

GROSSES THEATER IN XANTEN

Dass man 2000 Jahre später noch ihre Säulen nachmachen würde, das müsste man den Römern mal erzählen, die im heutigen Xanten die Stadt namens Colonia Ulpia Traiana errichtet haben. Jetzt vermittelt der Archäologische Park Xanten auf einer Fläche von rund 60 Hektar einen lebendigen Eindruck von Leben und Architektur im Römischen Reich: Viele Gebäude wurden originalgetreu in Teilen nachgebaut, darunter ein Amphitheater, in dem das Publikum die Gladiatoren bejubelte (wenn's gut lief), und ein 27 Meter hoher Tempel. Wer die Treppen des Stadttores hinaufsteigt, hat einen wunderbaren Blick auf Xanten, in dessen Zentrum der 1544 erbaute Dom St. Viktor steht, umgeben von der historischen Altstadt.

BISLICHER INSEL: GANS, ENTSPANNT

Etwas außerhalb von Xanten formt ein Nebenarm des Rheins eine Schleife: Hier liegt die Auenlandschaft Bislicher Insel, wo im Winter die Wildgänse nach ihrer Reise aus der Arktis eine Pause machen und sich Reserven anfressen – zur Freude der Füchse, die ja in Schnee und Frost auch sehen müssen, wie sie über die Runden kommen.

Unbeeindruckt von solchen Stoffwechseldramen fließt der Fluss weiter in die Niederlande, hier heißt er jetzt Waal, und rund 60 Kilometer von Xanten entfernt wartet ein Ort, der wegen seiner Nähe auch für deutsche Reisende spannend ist.

Auf der Autobahn beobachtet der Kia Sorento wachsam den Verkehr und warnt mit rot leuchtendem Dreieck im Außenspiegel und einem Signalton, falls es beim Überholen mal eng werden könnte. So führt er sicher ans Ziel: Nijmegen ist eine lebendige Studentenstadt mit schönen Restaurants und Cafés,

In Ruhe auf Auen schauen: die Landschaft rund um die Bislicher Insel bei Xanten

mittelalterlichen Burgen und feinen Sandstränden am Ufer der Waal. Südöstlich von Rotterdam, unweit der Mündung des Flusses in die Nordsee, liegt der Nationalpark De Biesbosch als letzte Station dieser Reise: eine Flusslandschaft aus Süßwasser, deren Wasserstand mit den Gezeiten des Meeres schwankt. Still mäandert sich der Fluss durch die Wälder, doch sogar hier gibt es einige, die ständig irgendetwas auftürmen müssen. »Bei uns leben ungefähr 300 Biber in 100 Bauten«, sagt Harm Blom, Förster im Nationalpark De Biesbosch. »Man sieht überall Äste und Baumstümpfe, an denen sie herumgenagt haben.« Die Tiere aus der Nachbarschaft der Biber sind etwas scheu, lassen sich aber immer wieder blicken. »Besonders morgens und abends trifft man Rotwild und Füchse«, sagt Blom. »Die Fische in den Flüssen bieten reichlich Futter für Fischadler und Seeadler, die hier sogar brüten.« Am besten erkundet man den Nationalpark mit dem Kayak, dem Fahrrad oder zu Fuß, und vielleicht begegnet man unterwegs ja sogar dem emsigen Architekten, der jede Sollbruchstelle persönlich aus dem Holz nagt. Auch 'ne Kunst.

Kia Sorento 1.6 T-GDI Hybrid AT AWD/2WD: Kraftstoffverbrauch (l/100 km) innerorts 6,3/5,6; außerorts 6,1/5,4; kombiniert 6,2/5,4. CO_2-Emission kombiniert (g/km): 141/124; Effizienzklasse: A/A+.

Bleibende Werte: das Treppenhaus von Herzog & de Meuron im Museum Küppersmühle (o.) und der Dom St. Viktor in Xanten (l.). Dass dem Kia Sorento die Zukunft gehört, zeigen sieben Jahre Herstellergarantie und zwölf Jahre Garantie gegen Durchrostung

MERIAN CITY-TRIP

48 STUNDEN IN

Rotterdam

Die zweitgrößte Stadt der Niederlande hat sich zum Zentrum für zeitgenössische Architektur entwickelt. Die Architektin Fokke Moerel kennt sich damit aus: Manche der innovativen Gebäude hat sie selbst mitgestaltet. MERIAN zeigt sie ihre Lieblingsorte

Fokke Moerel, Jahrgang 1970, ist Partnerin beim renommierten Rotterdamer Architekturbüro MVRDV. Ihre preisgekrönten Entwürfe kann man rund um die Welt bewundern. Sie legt Wert darauf, möglichst grüne, öffentlich zugängliche Räume zu kreieren. In Rotterdam beaufsichtigt sie derzeit den Bau des spektakulären Kunst-Depots des Museums Boijmans Van Beuningen.

Aus dem beschaulichen Breda bin ich Anfang der 1990er Jahre für mein Architekturstudium nach Rotterdam gezogen: in eine ziemlich hässliche, rückständige Arbeiterstadt. Nichts hing zusammen. Aber mich hat das Raue und Anonyme der Stadt gereizt – und inzwischen ist sie kaum wiederzuerkennen! Rotterdam hat eine völlig neue Skyline, weil hier so hoch gebaut wird. Die Menschen leben in einem Mix aus Altem und Neuem, Schönem und weniger Gelungenem. Die Stadt ist immer in Bewegung, das finde ich spannend.

Für uns vom Architekturbüro MVRDV war natürlich der Bau der Markthal ein Meilenstein. Über den Marktständen spannt sich ein 40 Meter hoher Bogenbau mit Apartments. Seine Innenseite haben wir üppig geschmückt: Wer hochschaut, sieht riesige Schmetterlinge, Früchte und Blumen. Mit Gästen esse ich gern an der Pommesbude von Bram Ladage: Knusprige *frietjes* inmitten einer Architektur-Ikone, das ist schön unprätentiös und passt zu Rotterdam!

Von der Markthalle aus schlendern viele über die Hoogstraat Richtung Rotterdam Oost, wo auch unser Büro liegt. Der Stadtteil ist neuerdings im Kommen: Es gibt immer mehr hippe Start-ups, Cafés und originelle Geschäfte – alles kein Mainstream. Ich selbst wohne hingegen in Rotterdam West. Dort beginnt an freien Wochenenden auch mein Lieblingsspaziergang. Gleich am Anfang führt er bei Little C vorbei, einem neuen kleinen Wohnviertel rund um den G. J. de Jonghweg, das am Hafenbecken des Coolhavens entstanden ist. Gerade ziehen die ersten Leute in ihre Lofts und Wohnungen. Manche Kritiker finden das Architekturprojekt scheußlich, aber meiner Meinung nach ist es gut gemacht. Von dort ist es ein Katzensprung zum Aussichtsturm Euromast. Er wurde 1960 von Huig Maaskant entworfen, der nach dem Krieg eine wichtige Rolle bei Rotterdams Wiederaufbau spielte. Weiter am Fluss entlang, erreiche ich den romantischen Het Park – und gönne mir im Parqiet eine heiße Schokolade. Das Café hat ein altes Holzgebäude vor dem Verfall gerettet. Ich bin sehr für die Transformation von leer stehenden Gebäuden! Wenn sie ihre Funktion verloren haben, kann man sich oft etwas anderes für sie ausdenken. Wir Architekten müssen erfindungsreich sein

RHEINKILOMETER 1001

Wegweisend: Die Erasmusbrücke verbindet seit 1996 Rotterdams Zentrum mit dem neuen Stadtteil Kop van Zuid. Sie spannt sich über die Nieuwe Maas, einen der Rheinarme im Mündungsdelta. Wegen ihres angewinkelten, 139 Meter hohen Pylons wird sie auch *de zwaan* genannt – der Schwan

Pause vor dem »Parqiet«: Das Café in der Grünanlage Het Park hat ein altes, weiß gestrichenes Kutschenhaus neu belebt

und öffentlich zugängliche Räume schaffen, in denen sich die Stadtbewohner wohlfühlen. Ein Beispiel? Im grauen Rotterdamer Westen wurde jüngst der 1,2 Kilometer lange Dakpark angelegt, eine grüne Oase auf den Dächern von lauter XXL-Geschäften. Überhaupt werden Dächer zunehmend genutzt. So kann man auf dem ehemaligen Shell-Gebäude im Zentrum neuerdings bei Fontein Rooftop ein feines Fünf-Gänge-Menü genießen. Und auf dem Schieblock-Gebäude wachsen in luftiger Höhe sogar Gemüse, Kräuter und essbare Blumen. Die serviert dann das sympathische Café Op Het Dak, tolle Aussicht inklusive.

Aber zurück zu meinem Spaziergang! Vom Park aus schlendere ich hinüber zum Veerhaven, wo historische Segelboote im Wasser schaukeln. Ich mag das ethnologische Wereldmuseum, das dort im früheren Clubhaus des königlichen Yacht-Clubs untergebracht ist. Die Ausstellungen sind oft überraschend. Danach esse ich gerne am Hafen, etwa im französischen Louise Petit Restaurant.

Vom Veerhaven aus kann man über den breiten Fluss Nieuwe Maas zum Wilhelminapier am anderen Ufer hinüberschauen. Als ich nach Rotterdam kam, war dort ein Niemandsland. Es gab damals nur das legendäre Hotel New York, untergebracht im ehemaligen Hauptgebäude der Holland-Amerika-Lijn. Dort kann man noch immer wunderbar übernachten oder auf der Terrasse essen. In den letzten Jahren haben berühmte Architekten auf dem Rest des schmalen Piers Hochhäuser gebaut. Besonders eindrucksvoll finde ich den fast 150 Meter hohen Drei-Türme-Komplex De Rotterdam des hiesigen Architekturbüros OMA, das Rem Koolhaas mitgegründet hat.

Wer den Wilhelminapier besucht, hat danach zwei interessante Möglichkeiten: Er kann mit einem wackligen Wassertaxi über den Fluss zurück zur Innenstadt brettern. Das ist für mich das ultimative Rotterdam-Gefühl! Oder er kann über die neue Fußgängerbrücke zur Halbinsel Katendrecht gehen. Früher war hier ein Rotlichtviertel. Doch jetzt kann man rund um den Deliplein wunderbar ausgehen und essen, zum Beispiel im gemütlichen De Matroos en het Meisje.

Ich hingegen spaziere auf der anderen Seite weiter zum Museumpark. Kinder lieben dort das Natuurhistorisch Museum mit seinen ausgestopften Tieren. Erwachsene kommen durch Kunst und Architektur auf ihre Kosten: Während meiner Studienzeit hat Rem Koolhaas dort die Kunsthal gebaut. Für mich war die immer ein Vorbild. Nun haben wir von MVRDV am anderen Ende des Parks selbst ein Gebäude kreiert: das neue Kunst-Depot des Museums Boijmans Van Beuningen, dessen Stammhaus wegen Renovierungen geschlossen ist. Weil es rund ist wie eine Zuckerdose, beansprucht es wenig Baufläche, bietet aber viel Stauraum für rund 150 000 Kunstwerke. Die Fassade haben wir mit riesigen Spiegeln verkleidet: Sie verdoppeln das Grün des Parks und die Architektur in der Nachbarschaft. Jeder kann das Depot ab September 2021 besuchen. Man kann dann einen Teil der Kunst durch Gucklöcher und gläserne Wände bewundern und Fachleuten beim Restaurieren zusehen. Es gibt Ausstellungsräume, und vom Dachgarten aus liegt einem die ganze Stadt zu Füßen. Das Depot ist unsere Ode an Rotterdam!

Protokoll: Dela Kienle

AB AUFS WASSER!

Nirgendwo sonst in Europa werden mehr Container umgeschlagen als im Hafen von Rotterdam. Das Treiben lässt sich auf einer Rundfahrt der Reederei Spido erleben – am besten auf der großen, die 2,5 Stunden dauert. Die Schiffe starten auf der Zentrumsseite am Fuß der Erasmusbrücke.
Willemsplein 85, spido.nl

ADRESSEN

Markthal
Ds. Jan Scharpstraat 298
markthal.nl

Euromast
Parkhaven 20, euromast.nl

Parqiet
Baden Powelllaan 20
parqiet.com

Fontein Rooftop
Hofplein 19
fonteinrotterdam.nl

Op Het Dak
Schiekade 189
ophetdak.com

Wereldmuseum
Willemskade 25
wereldmuseum.nl

Louise Petit Restaurant
Veerhaven 12-13b
louisepetitrestaurant.com

Hotel New York
Koninginnenhoofd 1
hotelnewyork.nl

De Rotterdam
Wilhelminakade 177
derotterdam.nl

De Matroos en het Meisje
Delistraat 52
dematroosenhetmeisje.nl

Natuurhistorisch Museum
Westzeedijk 345
hetnatuurhistorisch.nl

Kunsthal
Westzeedijk 341
kunsthal.nl

Depot Museum Boijmans Van Beuningen
Museumpark 18-20
boijmans.nl

1 | Über den Ständen der Markthalle glänzt ein bunter Bogenbau mit Apartments **2** | Jakobsmuschel mit Bayonne-Schinken: Im »Louise Petit Restaurant« wird französische Esskultur zelebriert **3** | Rotterdams Wassertaxis halten an rund fünfzig Docks

Kleine Schiffe. Große Erlebnisse.

Urlaub? Aber sicher! Auf dem Rhein quer durch Deutschland.

Kaum eine Reise ist so vielfältig und entschleunigend wie eine Flusskreuzfahrt. Genießen Sie den **Komfort auf unseren kleinen Schiffen** und die Ruhe auf dem Wasser, während imposante Landschaften, Städte und Kulturdenkmäler wie auf einer Leinwand projiziert vorbeiziehen. Besonders beliebt ist der Rhein: Auf seinen 880 schiffbaren Kilometern bietet er völlig unterschiedliche Landschaften. **Urlaub im eigenen Land kann so schön sein!**

Neubau nickoSPIRIT: Eine neue Ära auf dem Rhein

Das **neueste Schiff unserer Fluss-Flotte** mit der idealen Größe für Kreuzfahrten auf Rhein, Main & Mosel vereint alles, was der moderne Kreuzfahrer begehrt: Spontanes Genießen in einem der **drei Inklusiv-Restaurants**, lichtdurchflutetes Interieur gepaart mit viel Raum für Individualität sowie **moderne Kabinen mit absenkbaren Panoramafronten** für den besten Blick auf das vorbeiziehende Flusspanorama. Noch entspannter wird es im **großzügigen Wellness- und Fitness-Bereich** mit Sauna und Whirlpool.

Beste Aussichten mit absenkbarer Panoramafront

Blick auf die Veranda im Bug

Sicher reisen mit nickoPLUS

Wir wollen, dass unsere Gäste sicher reisen und sich wohlfühlen. Daher haben wir das Paket **nickoPLUS** geschnürt, dass Sie vor und während Ihrer Reise rundum absichert. Mit der **nicko Flex-Option** und unserer **Geld-zurück-Garantie** können Sie sorgenfrei buchen und die Vorfreude auf Ihren Urlaub genießen. An Bord sorgt unser bereits im letzten Jahr **bewährtes Hygienekonzept** für Sicherheit und dank dem komfortablem Sennheiser Audio-System können **Ausflüge mit Abstand zu den Mitreisenden** durchgeführt werden, ohne dass wertvolle Informationen der Reiseleitung verloren gehen.

Modern und elegant: unsere komfortablen Schwesterschiffe

Auf unseren **Schwesterschiffen MS RHEIN MELODIE und MS RHEIN SYMPHONIE** erwarten Sie helle Räume und viel Platz. Die **großflächigen Panoramafenster** garantieren beste Aussichten auf die vorbeiziehende Uferlandschaft und das **weitläufige Sonnendeck** lädt zum Entspannen ein. In den **großzügigen Kabinen** tanken Sie Kraft für neue Entdeckungen entlang des großen Stroms. Im Panorama-Restaurant servieren wir Ihnen erlesene Spezialitäten, während die Bar im Panorama-Salon zu einem feinen Tropfen einlädt.

MS RHEIN MELODIE vor der Marksburg

Altstadt von Mainz

Durch das Mittelrheintal zu den schönsten Ecken des Landes

Der Rhein verzaubert mit sagenumwobenen Burgen, pulsierenden Metropolen und romantischen Weinregionen. Vom berühmten „Rheinknie" bei Basel durch die Oberrheinische Tiefebene bis zum Delta in den Niederlanden erschließt sich der mitteleuropäische Strom in seiner ganzen Schönheit. Besonders das Mittelrheintal, seit 2002 UNESCO-Weltkulturerbe, begeistert immer wieder aufs Neue. Die sagenumwobene Loreley ragt stolze 132 Meter in die Höhe. Zahlreiche Burgen, Schlösser und Festungen säumen die Ufer und romantische Städtchen laden zum Verweilen ein.

Auf Vater Rhein Deutschland entdecken

Stöbern Sie durch unsere zahlreichen Routen entlang des Rheins und finden **Sie Ihre persönliche Traum-Flusskreuzfahrt**. nickoSPIRIT startet in Frankfurt zu einer 8-tägigen Reise nach Cochem, Speyer, Heidelberg, Straßburg und zurück ab 949€ pro Person. MS RHEIN MELODIE und MS RHEIN SYMPHONIE nehmen Sie mit auf ein 12-tägiges, intensives Rheinerlebnis: Ab/an Köln befahren Sie den Rhein in voller Länge mit spannenden Ausflugsmöglichkeiten unter anderem in Koblenz, Mainz und Freiburg (ab 1.399€ pro Person).

Deutsches Eck in Koblenz

NEU: nicko Geld-zurück-Garantie

Ihr Reisepreis ist gemäß den EU-Richtlinien abgesichert. Sie erhalten mit Ihrer Reisebestätigung den Reisepreis Sicherungsschein mit Ihrer nicko cruises Reisebestätigung. Sollten wir eine Reise absagen müssen, **garantieren wir die Rückzahlung des Reisepreises*** bzw. des geleisteten Anzahlungsbetrags* **innerhalb 14 Tagen** nach Reiseabsage.

*Nicht rückzahlbar sind ggf. Prämien der Reiserücktrittversicherung, da der Versicherungsschutz bereits bestand.

NEU: nicko Flex-Option

Gegen einen Aufpreis von 50 € pro Person räumen wir für Neubuchungen für alle Abfahrten 2021* ein **einmaliges, kostenloses Umbuchungsrecht** bis 40 Tage vor der Abreise auf eine gleichwertige Reise 2021 ein.

*limitiertes Kontingent pro Abfahrt

Geld-zurück-Garantie
Flex-Option verfügbar
Bewährtes Hygienekonzept
Überschaubare Gästezahl

Katalog und Buchung: 0711 - 24 89 80 0 • www.nicko-cruises.de • in Ihrem Reisebüro

MERIAN KOLUMNE

Der Fluss des Lebens

Der letzte Wunsch seiner Mutter ist unerfüllbar. Trotzdem dachte unser Autor **Till Raether** lange darüber nach, wo er ihre Asche am besten in den Rhein hätte streuen können

ILLUSTRATIONEN **P. M. HOFFMANN**

Meine Mutter pflegte zu sagen, sie wünsche keine Sargbestattung auf einem Friedhof, sondern eine eher anonyme, unaufwendige Beisetzung: »Ihr könnt meine Asche einfach in den Rhein kippen.« Meine Mutter war mit der deutschen Bestattungsordnung nicht so gut vertraut, sonst hätte sie dies nicht für eine einfache Lösung gehalten. Zwar gibt es hier und da die Möglichkeit, sich nach der Einäscherung eine winzige Menge Asche aushändigen zu lassen, aber selbst dies findet in der Grauzone zur Illegalität statt.

Dennoch machten meine Schwester und ich uns nun Gedanken, denn unsere Mutter war zum Schluss sehr anspruchslos gewesen, sie habe doch alles und brauche doch nichts, sagte sie immer, und daher fanden wir nun: Schön, wenn sie sich überhaupt mal was wünscht. Nämlich, auch nach ihrem Tod noch in Verbindung mit dem Rhein zu bleiben. Oder ein Teil von ihm zu werden.

Unsere Mutter pflegte eine etwas komplizierte Mischung aus Pragmatismus (»kippen«) und Pathos (»in den Rhein«). Kein deutscher Fluss hat mehr Pathos als der Rhein. Und es war der Biografiefluss unserer Mutter.

An dieser Stelle schreiben unsere Kolumnistinnen und Kolumnisten in unregelmäßiger Folge über die Welt und wie sie ihnen begegnet. Diesmal der an der Elbe lebende Schriftsteller **Till Raether,** *der seine familiäre Verbindung mit dem Rhein erforscht.*

Die wurde zwar an der Spree geboren, aber, ganz ehrlich, was ist die Spree für ein Fluss, wenn man den Rhein danebenhält. Und sie wuchs nach dem Krieg in Koblenz auf, am Deutschen Eck. Seitdem war sie dem Rhein verbunden, auch wenn sie seit 1975 wieder in Berlin lebte.

Das Deutsche Eck, gegenüber der Festung Ehrenbreitstein, wäre daher der schlüssigste Ort für eine kleine Ausstreuung. Vielleicht, überlegten wir, ließen die Gondeln sich öffnen, die seit der Bundesgartenschau vor zehn Jahren hier über den Rhein schweben. Andererseits, das wäre so eine überdimensionale Geste mit stark patriotischen Obertönen. Zwar hatten wir den Siebzigsten meiner Mutter vor knapp zehn Jahren noch auf der Festung Ehrenbreitstein gefeiert, bei starkem Wind, der einem im Außenbereich die Speisekarten um die Ohren haute, aber dieser aktuelle biografische Bezug wog nicht die erdrückende Deutschigkeit der Geste auf: »Ja«, müssten wir dann sagen, »wir haben die Asche unserer deutschen Mutter mit Blick aufs Denkmal des deutschen Kaisers in den deutschesten aller Flüsse gestreut, na und?« Nein, erstens hatte bereits der von unserer Mutter geliebte Kurt Tucholsky

das Reiterstandbild am Deutschen Eck als »steinernen Faustschlag« verhöhnt. Zweitens, hatte ihr nicht besonders die Internationalität des Rheins am Herzen gelegen? Das Elsass, oder vom Rheinfall in Schaffhausen der Ausflug in die Schweiz, nach Basel, wo ich als Kind meine erste Armbanduhr bekam, der Rhein als Beginn meiner Zeitmessung. Andererseits, wenn man schon mit Mutterasche zum Beispiel nach Frankreich führe, wäre dann nicht ein Ausflug in die Provence schöner, gerade zu dieser Jahreszeit? Solche Überlegungen führten nur weg vom, wie niemand in unserer Familie sagte, Vater Rhein. Da der Bruder meiner Mutter in Eltville am Rhein lebt, wäre natürlich auch dies ein guter Abschiedsort, in angenehmer Nähe zu hervorragenden Weinanbaugebieten, deren Rieslinge unsere Mutter gern trank. Vielleicht, wenn das wieder ginge, mit abschließendem Begießen des Vorgangs in der Drosselgasse in Rüdesheim? Zu touristisch. Dann doch lieber gleich an der Loreley, schlug meine Schwester vor, anspielend auf eine gewisse romantische Schwermut, mit der meine Mutter sich umgab: »Ich weiß nicht, was soll es bedeuten, dass ich so traurig bin. Ein Märchen aus alten Zeiten, das kommt mir nicht aus dem Sinn ...« – Heinrich Heines »Lorelei«, eines ihrer Lieblingsgedichte. Aber doch auch insgesamt sehr negativ: Unerfüllte Sehnsucht, massenhafte fahrlässige Tötung, und dazu, unserer Mutter nicht würdig, ein Frauenbild aus dem vorvorigen Jahrhundert. War der Rhein unserer Mutter nicht viel fröhlicher? Ihre große Seelenwahlverwandtschaft war mit Köln, der Stadt, deren Rosenmontagsumzüge sie von Berlin aus im Fernsehen verfolgte. Mitunter rief sie uns dabei an und kommentierte satirische Aufbauten, die ihr besonders gelungen erschienen. Warum hatten wir uns dafür nicht mehr Zeit genommen! Wenn sie besonders gut aufgelegt war, verfiel sie in einen rheinischen Dialekt, dessen Qualität wir nicht beurteilen konnten.

Wäre es bei all dieser Ratlosigkeit nicht am besten, direkt an die Quelle zu gehen? Also, nicht die des Rheins in Graubünden, sondern an den biografischen Ursprung meiner Schwester und mir. Meine Eltern haben sich an der Ingenieurschule in Mönchengladbach kennengelernt, ohne diesen sympathischen Industriestandort am Niederrhein gäbe es uns gar nicht. Wir studierten den Rhein auf der Karte und fanden das nun doch sehr weit weg, emotional. Wir könnten dann, fanden wir, die Asche unserer Mutter genauso gut in Wesel am Niederrhein verstreuen, dem Geburtsort des von ihr so geschätzten Kabarettisten Dieter Nuhr. Diese Vorstellung war lustiger als jedes Aperçu von Dieter Nuhr.

Immerhin, dachten wir am Ende, gibt es die deutsche Bestattungsordnung. Sie bringt uns einen entscheidenden Vorteil: Wir müssen uns nur für einen Friedhof und ein Urnengrab entscheiden. Das ist einfacher, als über die Bedeutung nachzudenken, die der Rhein für einen Menschen hat, der im Leben mit diesem Fluss in Verbindung war.

IMPRESSUM

MERIAN

ERSCHEINT IM

EIN UNTERNEHMEN DER GANSKE VERLAGSGRUPPE

Chefredakteur	Hansjörg Falz
Stellvertretende Chefredakteurin	Kathrin Sander
Art Direction	Isa Johannsen
Chefin vom Dienst	Jasmin Wolf
Redaktion	Tinka Dippel, Kalle Harberg, Jonas Morgenthaler, Stefanie Plarre, Inka Schmeling, Ricarda Müterthies (Praktikantin); Mitarbeit: Uwe Fischer, Hannes Lübcke
Bildredaktion	Violetta Bismor, Tanja Foley, Katharina Oesten (Leitung)
Layout	Inke Cron, Lena Glauche (stellv. AD), Tanja Schmidt
Redaktionsmanagement	Bodo Drazba (Ltg.)
www.merian.de	Jasmin Deiter
Assistenz der Chefredaktion	Lina Malin Lilischkies
Konzeption dieser Ausgabe	Jonas Morgenthaler (Text), Tanja Foley (Bild)
Autoren	Antonia Baum, Kristine Bilkau, Dennis Gastmann, Finn-Ole Heinrich, Thomas Pletzinger, Till Raether, Saša Stanišić, Ilija Trojanow, Hans Zippert
Verantwortlich für den red. Inhalt	Hansjörg Falz
Geschäftsführung	Thomas Ganske, Sebastian Ganske, Heiko Gregor (CEO), Peter Rensmann
Brand Owner/Verlagsleitung	Oliver Voß
Gesamtvertriebsleitung	Jörg-Michael Westerkamp (Zeitschriftenhandel), Thomas Voigtländer (Buchhandel)
Abovertriebsleitung	Christa Balcke
Leitung Leserreisen	Oliver Voß
Head of Sales	Helma Spieker (verantwortlich für Anzeigen), Tel. 040 2717-0
Senior Brand Manager	Henning Meyer, Tel. 040 2717-2496
Anzeigenstruktur	Corinna Plambeck-Rose, Tel. 040 2717-2237
Marketing Consultant	Alexander Grzegorzewski
Ihre Ansprechpartner vor Ort:	
Region Nord	Jörg Slama, Tel. +49 40 22859 2992, joerg.slama@jalag.de
Region West / Mitte	Michael Thiemann, Tel. +49 40 22859 2996, michael.thiemann@jalag.de
Region Südwest	Marco Janssen, Tel. +49 40 22859 2997, marco.janssen@jalag.de
Region Süd	Andrea Tappert, Tel. +49 40 22859 2998, andrea.tappert@jalag.de
Repräsentanzen Ausland:	
Belgien/Niederlande/Luxemburg	Mediawire International, Tel. +31 651 48 01 08, info@mediawire.nl
Frankreich/Monaco	Media Embassy International, Tel. +33 (0)6 03 92 09 15, info@media-embassy.fr
Großbritannien/Irland	Mercury Publicity Ltd., Tel. +44 7798 665 395, stefanie@mercury-publicity.com
Italien	Media & Service Inter national Srl, Tel. +39 02 48 00 61 93, info@it-mediaservice.com
Österreich	Michael Thiemann, Tel. +49 40 22859 2996, michael.thiemann@jalag.de
Schweiz/Liechtenstein	Goldbach Publishing AG, Tel. +41 (0) 76 468 83 13, eva.favre@goldbach.com
Skandinavien	International Media Sales, Tel. +47 55 92 51 92, fgisdahl@mediasales.no
Spanien/Portugal	K. Media, Tel. +34 91 702 34 84, info@kmedianet.es

Die Premium Magazin Gruppe im Jahreszeiten Verlag
Gültige Anzeigenpreisliste: Nr. 10
Heft 06/2021 – Rhein. Erstverkaufstag dieser Ausgabe ist der 20.05.2021
MERIAN erscheint monatlich im Jahreszeiten Verlag GmbH, Harvestehuder Weg 42, 20149 Hamburg, Tel. 040 2717-0
Redaktion Tel. 040 2717-2600, E-Mail: redaktion@merian.de **Internet** www.merian.de
Abonnementvertrieb und Abonnentenbetreuung DPV Deutscher Pressevertrieb GmbH, Tel. 040 2103-1371, Fax -1372, www.dpv.de, E-Mail: leserservice-jalag@dpv.de
Vertrieb DPV Vertriebsservice GmbH, www.dpv-vertriebsservice.de
Litho K+R Medien GmbH, Darmstadt
Druck und Verarbeitung Walstead Kraków Sp. z o.o., Obrońców Modlina 11, 30-733 Krakau, Polen

Das vorliegende Heft Juni 2021 ist die 6. Nummer des 74. Jahrgangs. Diese Zeitschrift und die einzelnen Beiträge und Abbildungen sind urheberrechtlich geschützt. Jede Verwertung außerhalb der engen Grenzen des Urheberrechtsgesetzes bedarf der Zustimmung des Verlages. Keine Haftung für unverlangt eingesandte Manuskripte und Fotos.
Jahresabonnementspreis im Inland 99 €, für Studenten 49,50 € (inklusive Zustellung frei Haus). Der Bezugspreis enthält 7 % Mehrwertsteuer. Auslandspreise auf Nachfrage. Postgirokonto Hamburg 132 58 42 01 (BLZ 200 100 20) Commerzbank AG, Hamburg, Konto-Nr. 611657800 (BLZ 200 400 00). Führen in Lesemappen nur mit Genehmigung des Verlages. Printed in Germany ISBN 978-3-8342-3283-0, ISSN 0026-0029, MERIAN (USPS No. 011-458) is published monthly by JAHRESZEITEN VERLAG GMBH.

Weitere Titel der JAHRESZEITEN VERLAG GmbH: A&W ARCHITEKTUR & WOHNEN, CLEVER LEBEN, COUNTRY, DER FEINSCHMECKER, FOODIE, HOLIDAY, LAFER, MERIAN SCOUT, POLETTO, PRINZ, ROBB REPORT, SCHÖNER REISEN, WEIN GOURMET

Bildnachweis

Anordnung im Layout: o = oben, u = unten, r = rechts, l = links, m = Mitte

Titel: Dmitry Malov/Alamy; S.3lo Volker Renner; S.4o katjaverhoeven/Adobe Stock, S.4u Isabela Pacini, 5lo Volker Renner, S.5ro Gulliver Theis; S.6lo Isabela Pacini, S.6ro Gulliver Theis, S.6ru Volker Renner; S.8 Mathias Weil/Adobe Stock, S.9o Gulliver Theis, S.9m nechaevkon/Adobe Stock, S. 9o Frederic Mairgrot/REA/laif; S.12r Klaus Göhring/euroluftbild.de/picture-alliance; S.13lo Tim Langlotz, S.13ro Isabela Pacini, S.13lu Visit Stockholm, S.13ru Natalie Kriwy, S.14-15 Doris Jachalke, S.15u Katharina Oesten; S.16/17 Gulliver Theis, S.18/19 Dmitry/Adobe Stock, S.20 Mari79/Adobe Stock, S.21 Wolfgang Kaehler/LightRocket/Getty Images, S.22/23 Dieter Meyer/Adobe Stock, S.24 Reinhard Schmid/Huber Images, S.25 CL-Medien/Adobe Stock, S.26/27 Roland Abel/Adobe Stock, S.28/29 Frans Lemmens/Alamy; S.31-32, 35 Gulliver Theis, S.34 Hubert Braxmeier, S.36-43l, 44 Gulliver Theis; S.48 Alexander Stertzik, S.49 Westend61/Imago, S.50l Fred Thomas, S.50r Michael Schrodt, S.51o Dagmar Schwelle/MTK, S.51ru Annette Weiske; S.52/53, 55-58, 60 Volker Renner, S.54 Teddy Verneuil/Basel Tourismus, S.59 Philipp Hänger/Kunsthalle Basel, S.61o Moritz Schermbach; S.62 Martin Bildstein/euroluftbild.de/picture-alliance, S.63 akg/picture-alliance, S.64/65 C. F. Müller in Karlsruhe/Sign.: „H Rheinstrom Nr. 72"/Landesarchiv Baden-Württemberg, S.66 Teresa Salgueiro; S.68l Dominik Ketz/Romantischer Rhein Tourismus GmbH, S.68r Henry Tornow/Romantischer Rhein Tourismus GmbH, S.69 Anna Mutter, S.70, 75u, 76 Isabela Pacini, S.72l Walter Schmitz, S.73, 74l Michael Königshofer/moodley brand identity, S.74r Lars May; S.78, 80l, 81m Georg Knoll, S.79lo David Maurer, S.80r, m Chris Janik, S.81ru Daniela Mohr/Digitales Foto Zentrum, S.82u die medienagenten, S.83l Alexander Stock/Weingut Riffel, S.83r Nils Weiler, S.83u Volker Renner, S.86 Flößer- und Schiffermuseum Kamp-Bornhofen, S.87 Isabela Pacini, S.88 HerrKaiser/Adobe Stock, S.89, 91o, 95 Alamy, S.90 oxie99/Adobe Stock, S.92 haveseen/Adobe Stock, S.93-94 Isabela Pacini, S.96 Maximilian Siech/Zweckverband Welterbe Oberes Mittelrheintal; S.98 Dominik Ketz/Romantischer Rhein Tourismus GmbH, S.99l Adobe Stock; S.100-106 Isabela Pacini, S.101, 102 Salvador Dalí, Fundació Gala-Salvador Dalí/VG Bild-Kunst, Bonn 2021, S.101, 102 Hans Arp/VG Bild-Kunst, Bonn 2021, S.104lu Anton Henning/VG Bild-Kunst, Bonn 2021; S.108 Walter Schmitz, S.109o Rheinisches Bildarchiv Köln/bpk Bildagentur, S.109u Johann Heinrich Schoenscheidt/Vintage Germany, S.110 Rheinisches Bildarchiv Köln; S.112-114, 115ru, lu Gulliver Theis, S.115ro Sprave/RVR Ruhr Grün; S.116 Daria Scagliola, S. 117, 119o Urban Zintel, S.118 Laure van Rooij, S.119lu Iris van de Broek/Rotterdam Make It Happen; S.122-123 Illustrationen: P. M. Hoffmann; S.128 Isabela Pacini, S.130lo, ru Isabela Pacini, S.130ro, lu Christina Körte
Kartenillustration: Jochen Schäfers
Karten: maps4news.com ©HERE

Foto-Syndication
Stockfood GmbH
Tumblingerstraße 32, 80337 München
Tel. 089 747202-90
E-Mail: willkommen@seasons.agency
www.seasons.agency

Redaktionsschluss
21. April 2021

KARTE RHEIN

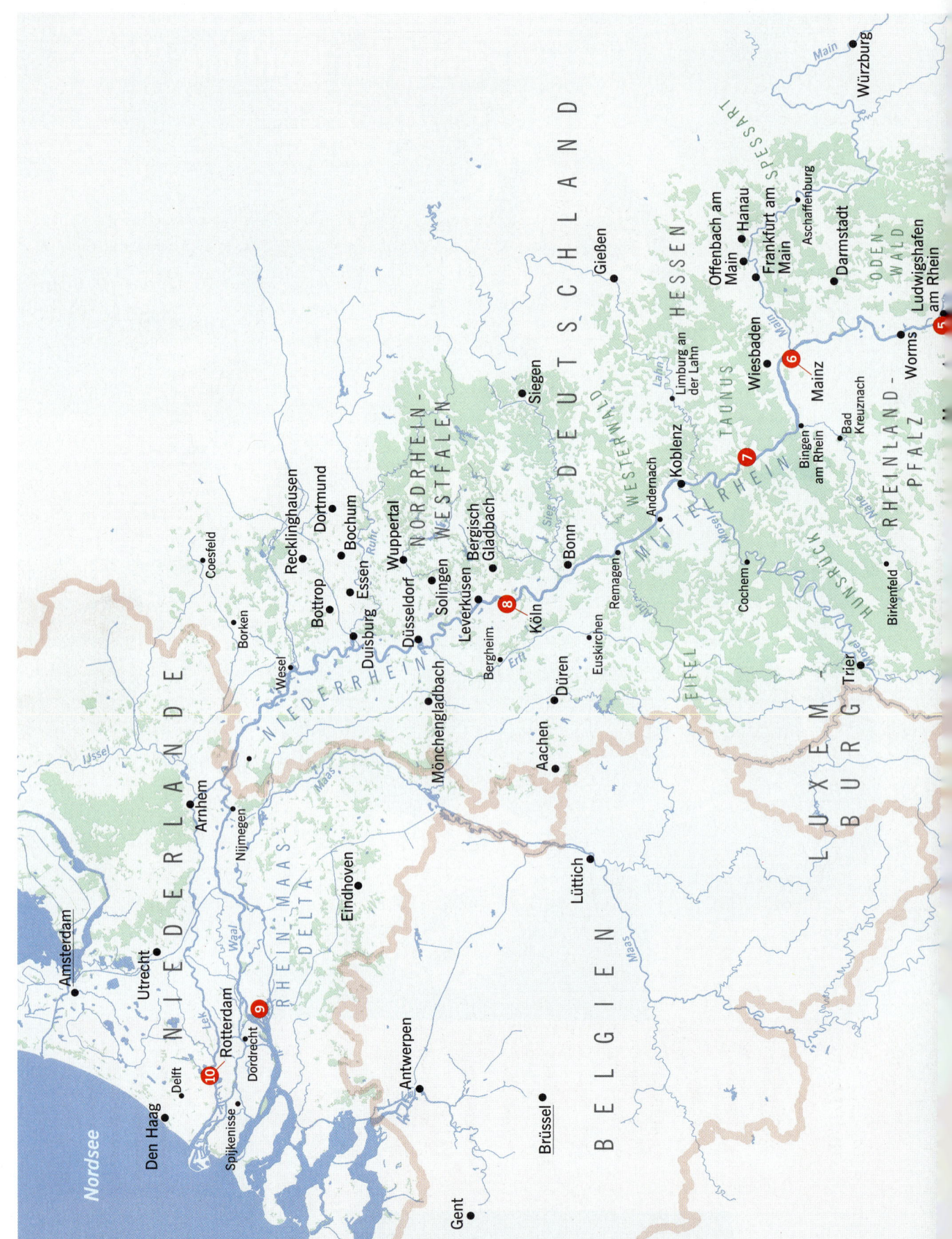

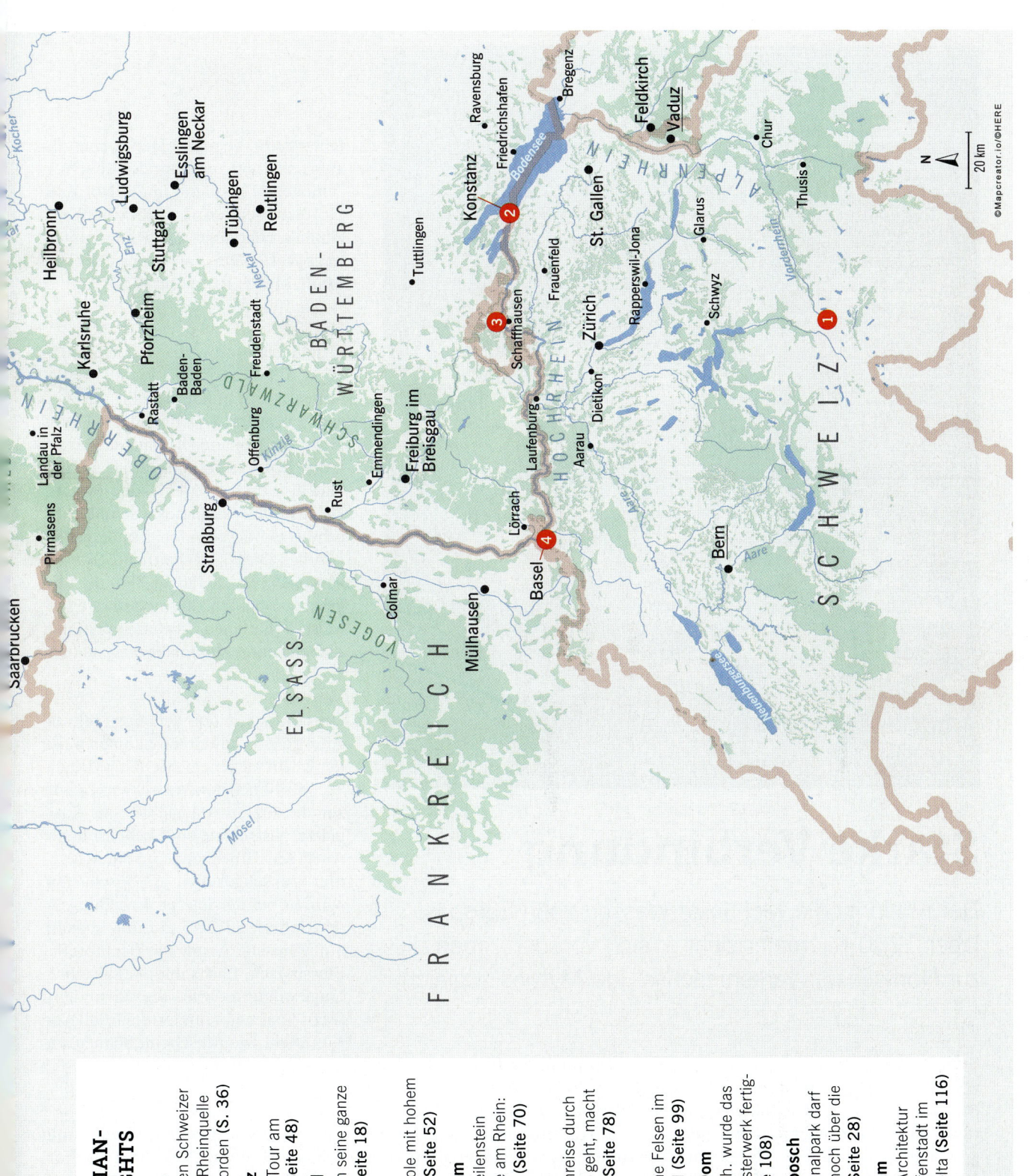

DIE MERIAN-HIGHLIGHTS

1. **Tomasee**
Der See in den Schweizer Alpen ist als Rheinquelle bekannt geworden (S. 36)

2. **Konstanz**
Auf Genuss-Tour am Bodensee (Seite 48)

3. **Rheinfall**
Wo der Strom seine ganze Kraft zeigt (Seite 18)

4. **Basel**
Kunstmetropole mit hohem Freizeitwert (Seite 52)

5. **Mannheim**
Ein neuer Meilenstein der Hotellerie am Rhein: »Speicher 7« (Seite 70)

6. **Mainz**
Wer auf Weinreise durch Rheinhessen geht, macht hier Station (Seite 78)

7. **Loreley**
Der mythische Felsen im Mittelrheintal (Seite 99)

8. **Kölner Dom**
Erst im 19. Jh. wurde das gotische Meisterwerk fertiggebaut (Seite 108)

9. **De Biesbosch**
In dem Nationalpark darf das Wasser noch über die Ufer treten (Seite 28)

10. **Rotterdam**
Aufregende Architektur prägt die Hafenstadt im Mündungsdelta (Seite 116)

SERVICE GUT ZU WISSEN

Traumblick bei Boppard (im Bild rechts): Hier schlängelt sich der Rhein besonders schön

Starke Verbindung

Der Rhein ist die wichtigste Wasserstraße Europas. Über 1200 Kilometer zieht er sich von den Alpen bis zur Nordsee, ist Verkehrsachse und Mythos zugleich

Geografie
Von der Quelle bis zur Mündung legt der Rhein rund 1230 Kilometer zurück, durchströmt vier Länder und grenzt an zwei weitere. Dabei verändert sich die Landschaft immer wieder, sodass einzelne charakteristische Abschnitte unterschieden werden: Von seiner Quelle in den Schweizer Alpen bis zum Bodensee fließt der Strom als Alpenrhein, bis Basel als Hochrhein und bis Bingen als Oberrhein. Danach folgt bis Bonn der Mittelrhein mit seinen berühmten Burgen. Als einzigartige Kulturlandschaft an einer der wichtigsten Handelsrouten in Europa gehört der Abschnitt zwischen Bingen und Koblenz als Oberes Mittelrheintal seit 2002 zum Weltkulturerbe der Unesco. Der Niederrhein fließt weiter bis zur niederländischen Grenze, hinter der das Rheindelta beginnt: Der Strom fächert sich auf und mündet über verschiedene Flussläufe in die Nordsee. Größter Hauptarm ist dabei die Waal. Zufluss bekommt der Rhein unterwegs vor allem von Aare, Neckar, Main, Mosel, Ruhr und Maas.

Rheinkilometrierung
Orientierung für die Binnenschifffahrt auf dem Rhein bieten weiße, schwarz umrandete Tafeln, die zwischen Konstanz (Kilometer 0) und Hoek van Holland (Kilometer 1032,6) jeden Kilometer markieren. In der Hälfte zwischen zwei Tafeln erlaubt jeweils ein kleineres Schild mit schwarzem Kreuz eine genauere Verortung. Dieses einheitliche System wurde 1939 nach langer Planung umgesetzt. Deutlich älter sind die stellenweise erhaltenen Myriametersteine, die teils unter Denkmalschutz stehen.

Tierwelt
Durch die seit den achtziger Jahren getroffenen Umweltmaßnahmen weist der Rhein wieder eine vielfältige Fauna auf. Millionen von Wasservögeln nutzen die letzten Auengebiete als Rastplätze, Nistgebiete oder Lebensräume. Auch die Biber sind an die Rheinufer zurückgekehrt. 67 Fischarten wurden bei der letzten Erhebung in den Jahren 2012/13 gezählt, sowohl einheimische Arten wie Bachforelle, Flussbarsch, Lachs und Aal als auch eingewanderte wie die Grundeln. Dazu kommen Hunderte wirbelloser Kleintiere wie Muscheln, Schnecken und Kleinkrebse.

Literatur
Etliche Schriftstellerinnen und Schriftsteller hat der Rhein zu Werken inspiriert, darunter Clemens Brentano, Friedrich Hölderlin und Heinrich von Kleist. Lesenswert sind auch die Reisebeschreibungen des französischen Autors Victor Hugo, der auf Deutsch gekürzt, dafür mit

Zeichnungen des Schriftstellers unter dem Titel »Der Rhein« erschienen ist (Insel 2010). In ihrem Buch »Alles fließt« (Corso 2018) hat sich Elke Heidenreich intensiv mit dem Rhein auseinandergesetzt: Zusammen mit dem Fotografen Tom Krausz hat sie den gesamten Strom erkundet. Entstanden ist ein persönliches, schön erzähltes Reisebuch voller Fotos, Gedanken und Geschichten. Fundierte Enblicke in die Geschichte und Kultur des Rheins bietet das Fachbuch »Mythos Rhein. Kulturgeschichte eines Stromes« (wbg Theiss 2019). Wer die Geschichte des Flusses anhand von Bildern miterleben möchte, kann sich auf den Bildband »Rhein: Der Fluss in der Fotografie seit 1846« (Greven 2021) freuen, der im September erscheinen soll.

Handelsschifffahrt

Der Rhein ist die wichtigste Wasserstraße in Europa. Handelsschiffe befahren ihn an 365 Tagen rund um die Uhr und bewegen jährlich rund 300 Millionen Tonnen Fracht. Entlang des Flusslaufs haben sich wichtige Industriezentren angesiedelt, die vom Rhein als Verkehrsachse profitieren. Auf ihm werden etwa 80 Prozent aller Güter bewegt, die über die Binnenschifffahrt transportiert werden. Bei Duisburg, wo die Ruhr in den Rhein fließt, befindet sich der größte europäische Binnenhafen.

Unterwegs auf dem Rhein

Etliche Anbieter schippern Reisende über den Rhein. Mit der »Köln-Düsseldorfer Deutsche Rheinschiffahrt« (KD) sind unter anderem Linienfahrten zwischen Köln und Mainz möglich (k-d.com). Zu den bewährten Anbietern für Rhein-Kreuzfahrten gehören A-ROSA (a-rosa.de) und Nicko Cruises (nicko-cruises.de). Das beeindruckende Reisegebiet reicht von Basel bis nach Rotterdam oder Antwerpen, inklusive Abstechern auf Nebenflüsse wie Mosel, Neckar und Saar.

Von Fischen und Schiffen: Diese Museen widmen sich dem Rhein

Im Düsseldorfer Schlossturm beleuchtet das Schifffahrtmuseum das Leben an und auf dem Strom – die Ausstellung wurde erst vor einigen Jahren neu und interaktiv gestaltet. Mittels zahlreicher historischer Fotos und Objekte informiert das kleine Flößer- und Schiffermuseum in Kamp-Bornhofen über die Flößerei und Dampfschifffahrt. Schon 1912 wurde der Verein gegründet, der das Rhein-Museum in Koblenz trägt. Es beleuchtet besonders viele Facetten des Stroms – von der ersten Besiedlung der Ufer über die Burgen am Mittelrhein bis zu Themen wie Ökologie, Fischfang, Handel, Tourismus und Schifffahrt. Zu sehen gibt es unter anderem Dampfmaschinen, nautische Instrumente sowie Modelle von Schiffen und Burgen.

freunde-schifffahrtmuseum.de
floesser-schiffermuseum.kamp-bornhofen.de
rhein-museum.de

Das Gutenberg-Museum

Erleben Sie die Geschichte von Buch und Schrift „live": Zwei originale Gutenberg-Bibeln gehören zu den Schätzen des Museums. In der rekonstruierten Gutenberg-Werkstatt wird stündlich demonstriert, wie zu Gutenbergs Zeiten gedruckt wurde.

Wechselnde Sonderausstellungen zeigen Beispiele historischer und moderner Buch- und Druckkunst sowie aus dem Bereich der Typografie und spannen den Bogen ins 21. Jahrhundert. Im Druckladen, der museumspädagogischen Abteilung des Museums, kann jeder unter fachkundiger Anleitung selbst setzen und drucken.

Gutenberg-Museum
Liebfrauenplatz 5
55116 Mainz
T 06131 1226-40/-44
www.gutenberg-museum.de

 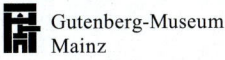

DAS NÄCHSTE MERIAN ERSCHEINT IM HANDEL AB 17. JUNI 2021

Mut zu Farbe und neuen Positionen: mit Direktor Christoph Grunenberg durch die Kunsthalle

Legendäres Quartett am Rathaus: Gerhard Marcks' Statue der Bremer Stadtmusikanten

Tanzparty in der Überseestadt – eines der größten Stadtentwicklungsprojekte Deutschlands

Soziale Seele: Seit mehr als 30 Jahren lebt Henning Scherf in diesem Haus in einer WG

Bremen

ÜBERSEESTADT Im Hafen wächst Bremens spannendstes Viertel
KUNSTHALLE Dürer bis Turrell: Remix einer Sammlung von Weltrang
STADTVATER Zu Besuch in der WG von Alt-Bürgermeister Scherf
BREMERHAVEN Klimahaus, Auswandererhaus und jede Menge Meer

Haben Sie eine MERIAN-Ausgabe verpasst?
Bestellservice: Tel. (040) 2717-1110
E-Mail: sonderversand@jalag.de
oder online bestellen unter
www.merian.de
oder www.einzelheftbestellung.de

Abo bestellen:
Tel. (040) 21031371
E-Mail: leserservice-jalag@dpv.de
oder online unter
shop.jalag.de

Zuletzt erschienen

Januar 2021 Februar 2021 März 2021 April 2021 Mai 2021

In Vorbereitung:
Deutschland neu entdecken:
Ab ans Wasser!
Bretagne
Wiesbaden und Rheingau